2016年度全国统计科学研究项目重点项目"'中等收入陷阱'跨越背景下收入水平与工业化特征量化指标互动关系国际比较"（立项编号2016LZ33）资助

# 中等收入陷阱跨越背景下工业化特征比较研究

徐　强　著

中国财经出版传媒集团

经济科学出版社

Economic Science Press

图书在版编目（CIP）数据

中等收入陷阱跨越背景下工业化特征比较研究/徐强著. —北京：经济科学出版社，2017.10
ISBN 978-7-5141-8612-3

Ⅰ.①中… Ⅱ.①徐… Ⅲ.①中国经济－经济发展－研究 Ⅳ.①F124

中国版本图书馆CIP数据核字（2017）第265519号

责任编辑：谭志军　卢元孝
责任校对：刘　昕
版式设计：齐　杰
责任印制：王世伟

### 中等收入陷阱跨越背景下工业化特征比较研究
徐　强　著
经济科学出版社出版、发行　新华书店经销
社址：北京市海淀区阜成路甲28号　邮编：100142
总编部电话：010-88191217　发行部电话：010-88191522
网址：www.esp.com.cn
电子邮件：esp@esp.com.cn
天猫网店：经济科学出版社旗舰店
网址：http://jjkxcbs.tmall.com
北京季蜂印刷有限公司印装
880×1230　32开　6.25印张　160000字
2017年10月第1版　2017年10月第1次印刷
ISBN 978-7-5141-8612-3　定价：25.00元
（图书出现印装问题，本社负责调换。电话：010-88191510）
（版权所有　侵权必究　举报电话：010-88191586
电子邮箱：dbts@esp.com.cn）

# PREFACE 自　序

　　笔者从 2012 年前后开始关注"中等收入陷阱"并逐渐深入思考这一问题，同时大量搜集经验数据和文献资料。随着经验数据不断增加，笔者运用各种统计数据处理方法，多角度建立多类数学模型，力图发掘和提炼有意义的结果。自 2012 年至 2017 年，笔者陆续以"中等收入陷阱"为主题词，在国内刊物发表 6 篇论文。2016年，笔者成功申请了国家统计局该年度全国统计科学重点项目"'中等收入陷阱'跨越背景下收入水平与工业化特征量化指标互动关系国际比较"（立项编号 2016LZ33），以此为契机，完成了本书稿的创作。

　　本著作学术价值体现在多个方面。首先，也是最重要的，本著作面向所有非特定禀赋经济体，为中等收入陷阱的成因和跨越提供了一个内在逻辑统一的解释框架，即中等收入陷阱问题关键在于经济体工业化质量，跨越陷阱要求经济体工业化特征量化指标满足其系列条件。正因为如此，本著作也为当前中国如何正确应对中等收入陷阱问题指明了关键所在，即深化工业化进程和提升工业化质量。除此之外，本著作在经济发展阶段辨识，在多领域量化指标设计，在回归模型运用，在出口结构分析等方面，也有诸多创新，获得若干富有学术价值的结论。

本著作研究方法特色主要体现在三方面。一是统计和数量分析方法的多样性。本研究先后交替使用量化指标设计、时间序列回归、增长因素分析、截面和跨截面相关分析、截面和跨截面回归分析、因果关系检验、基于截面回归的赶超度分析等多种统计分析方法。二是大量的数据处理。以获取并分析出口占比指标为例，所有截面样本经济体每一出口占比指标结果的数据总量就是1476个（41个样本×36年），总共有八大产品类别，所有产品类别占比指标结果的数据量就是11808个。以上尚是占比结果指标，可想见，要通过基础分类出口额计算获取上述占比指标，要对占比指标开展各种回归建模和后续数量分析，其间要处理的数据量不在十万以下。三是比较对象和经验素材接近覆盖到全球所有富有观测意义的工业型经济体。正因为如此，本研究得到的结论具有科学性和可信度。

在书稿出版和印刷过程中，经济科学出版社给予大力支持，各位编辑老师认真负责，在此一并致谢。

是为序。

徐　强

2017年9月

# CONTENTS 目　录

**第一章　问题提出、文献述评和本研究基本内容 / 1**

一、关于中等收入陷阱问题和原因的解释 / 1
二、关于中等收入陷阱的量化和研判 / 4
三、关于工业化进程与经济发展之间的联系 / 5
四、关于文献的述评与总结 / 9
五、本研究的基本目标和工作内容 / 10

**第二章　收入水平量化、经济体归类分组和样本经济体选择 / 14**

一、收入水平率指标及其在量化研判中等收入陷阱上的
　　初步运用 / 14
二、发展中经济体相对收入水平提升的主要途径 / 17
三、产业量比指标和典型经济体产业量比比较 / 18
四、本研究截面模型的样本经济体选择 / 19
五、典型样本经济体收入水平率指标趋势和典型发展
　　阶段的标识 / 23

## 第三章 非特定禀赋经济体跨越中等收入陷阱的关键／29
### ——基于制造业和服务业产值高度指标时序互动视角的分析

一、制造业和服务业量比变动趋势在跨越者和未跨越者
之间比较／29

二、跨越关键期产值总额中制造业和服务业占比变化／31

三、跨越前后制造业和服务业之间的先导和主导关系
辨识／32

四、本章总结／44

## 第四章 关于出口总量结构和创新活跃度的初步比较／46

一、出口总量规模的比较：跨越者出口规模比较指数值
攀升到高水平／46

二、出口产业占比趋势比较：跨越过程中高资本高技术
密度产品占比攀升至高水平／54

三、创新活跃度比较：跨越者创新活跃度攀升至高水平／70

四、本章总结和启示／75

## 第五章 关于制造业结构变动和其他经济变量关系的进一步
考察／78

一、不同收入水平动态下出口额增量的产业构成对比／78

二、其他工业化特征指标和出口产业结构指标的相关
分析／82

三、其他工业化特征指标和出口产业结构指标的回归分析／85

四、典型经济体占比指标和其他量化指标时间序列的
格兰杰因果检验／89

五、本章总结和评论／94

## 第六章 截面回归建模与分析（一）：出口产业占比/98

一、截面方程形式和单变量赶超度分析的方法和步骤/98
二、对数化出口产业占比—PIR 截面回归和赶超度分析/103
三、本章总结/123

## 第七章 截面回归建模与分析（二）：非结构指标和综合分析/128

一、对数化总本地出口额—PIR 截面回归和赶超度分析/128
二、创新活跃度指数—PIR 截面回归和赶超度分析/133
三、关于两指标的 PIR 截面回归和赶超度分析的总结/137
四、截面回归建模的综合分析/139

## 第八章 中国工业化形势和跨越前景研判/146

一、关于中国整体量化指标的回顾和总结/146
二、分省区收入水平率和产业量比指标的观察和比较/155
三、分省区货物出口发展态势的观察和比较/159
四、分省区技术创新活跃度的观察和比较/169
五、本章总结和启示：以提升工业化质量为主要动力，分区推进中等收入陷阱跨越/173

**参考文献/176**

# 图 目

图 1-1　本研究展开的逻辑流程 ·················· 11
图 2-1　1970~2015 年两个典型跨越者和未跨越者收入水平率指标趋势的对照 ·················· 16
图 2-2　1970~2015 年若干典型发达经济体收入水平率指标变动态势 ·················· 24
图 2-3　1970~2015 年三个跨越者样本经济体收入水平率指标变动态势 ·················· 25
图 2-4　1970~2015 年四个 PIR 长期徘徊在 0 附近的样本经济体收入水平率指标变动态势 ·················· 26
图 2-5　1970~2015 年六个 PIR 长期徘徊显著负值之下的样本经济体收入水平率指标变动态势 ·················· 27
图 3-1　1970~2015 年制造业和服务业量比的变动态势：五非特定禀赋经济体对照观察 ·················· 30
图 3-2　三个典型跨越者跨越关键期制造业和服务业在增加值总额中占比变化 ·················· 32
图 3-3　典型非特定禀赋经济体服务业和制造业量比年度增量变动趋势对照 ·················· 34
图 4-1　1980~2015 年典型经济体出口规模比较指数值变动态势 ·················· 50
图 4-2　1980~2015 年典型发达经济各类别产品出口占比变动态势 ·················· 57
图 4-3　1980~2015 年跨越者各类别产品出口占比变动

| | | |
|---|---|---|
| | 态势 …………………………………………………… | 60 |
| 图 4-4 | 1980~2015 年典型未跨越者各类别产品出口占比变动态势 ……………………………………… | 64 |
| 图 4-5 | 1980~2015 年典型经济体百万人口发明专利申请量 ……………………………………………… | 72 |
| 图 4-6 | 1980~2015 年典型经济体创新活跃度指数 ………… | 73 |
| 图 6-1 | 1980~2015 年 $\ln P_{MEEQ}$ - PIR 截面回归方程 PIR 回归系数 ……………………………………………… | 104 |
| 图 6-2 | 1980~2015 年典型发展中经济体机电装备出口占比对数赶超度变动态势 ……………………………… | 106 |
| 图 6-3 | 1980~2015 年典型发达经济体机电装备出口占比对数赶超度变动态势 ……………………………… | 107 |
| 图 6-4 | 1980~2015 年典型发展中经济体轻机电出口占比对数赶超度变动态势 ……………………………… | 110 |
| 图 6-5 | 1980~2015 年典型发达经济体轻机电出口占比对数赶超度变动态势 ……………………………… | 111 |
| 图 6-6 | 1980~2015 年典型发展中经济体汽车出口占比对数赶超度变动态势 ……………………………… | 114 |
| 图 6-7 | 1980~2015 年典型发展中经济体化工制药出口占比对数赶超度变动态势 ……………………… | 116 |
| 图 6-8 | 1980~2015 年典型发展中经济体钢铁出口占比对数赶超度变动态势 ……………………………… | 119 |
| 图 6-9 | 1980~2015 年典型发展中经济体其他制造品出口占比对数赶超度变动态势 ……………………… | 123 |
| 图 7-1 | 1980~2015 年 lnDEV - PIR 截面回归方程 PIR 回归系数 ……………………………………………… | 129 |
| 图 7-2 | 1980~2015 年典型发展中经济体总出口额对数赶 | |

| 图　目

　　　　　　超度变动态势 ·················································· 131
图 7-3　1980~2015 年典型发达经济体总出口额对数赶
　　　　　　超度变动态势 ·················································· 132
图 7-4　1980~2015 年 PCIPI-PIR 截面回归方程 PIR
　　　　　　回归系数 ························································ 134
图 7-5　1980~2015 年典型发展中经济体创新活跃度指数
　　　　　　赶超度变动态势 ·············································· 136
图 7-6　1980~2015 年典型发达经济体创新活跃度指数
　　　　　　赶超度变动态势 ·············································· 137
图 7-7　1986~2015 年马来西亚 PIR 和两关键赶超度指标
　　　　　　变动态势对照 ·················································· 142
图 8-1　1980~2015 年中国 PIR 指标和 2004~2015 年中国
　　　　　　主要产业量比指标 ·········································· 147
图 8-2　1980~2015 年中国出口规模比较指数值 ············ 147
图 8-3　1992~2015 年中国不同产品类别在货物出口
　　　　　　总额中占比趋势 ·············································· 149
图 8-4　1980~2015 年中国百万人口发明专利申请量和
　　　　　　创新活跃度指数 ·············································· 151
图 8-5　基于截面分析得到的 1980~2015 年中国赶超度
　　　　　　指标 ································································ 153
图 8-6　2015 年中国各省区工业量比、服务业量比和 PIR
　　　　　　指标对照（按工业量比大小排序） ················ 156
图 8-7　中国不同收入水平地区出口占比的变动态势 ········ 160
图 8-8　区位优势、出口增长和人均收入水平的环状促进
　　　　　　关系 ································································ 166
图 8-9　2015 年中国分省区市创新活跃度和 PIR、工业产值
　　　　　　水平率的对照关系 ·········································· 172

3

# 表 目

表1-1 世界银行2013财年以来关于全球经济体的收入水平
分组的数量界限(以美元计人均GNI) ……………… 4
表2-1 以PIR指标划定收入水平标准 ……………………… 16
表2-2 2015年典型经济体PIR和对应R-income的产业
量比构成 …………………………………………………… 20
表3-1 典型经济体 $\Delta \text{R-ser}_t = b_1 \Delta \text{R-manu}_t + b_2 \Delta \text{R-manu}_{t-1} +$
$b_3 \Delta \text{R-manu}_{t-2} + b_0$ 回归结果 ……………………… 36
表3-2 典型经济体 $\text{R-ser}_t = a_1 \text{R-ser}_{t-1} + a_2 \text{R-ser}_{t-i}(i \geq 2) +$
$b_1 \text{R-manu}_t + b_2 \text{R-manu}_{t-1} + c$ 回归结果 …………… 38
表3-3 典型经济体 $\text{R-manu}_t = a_1 \text{R-manu}_{t-1} + a_2 \text{R-manu}_{t-i}(i \geq 2) +$
$b_1 \text{R-ser}_t + b_2 \text{R-ser}_{t-1} + c$ 回归结果 ……………… 40
表3-4 量比指标R-manu和R-ser自相关分布滞后模型
弹性系数的对照分析 …………………………………… 42
表4-1 基于 $\ln(\text{DEV}) = b_1 \ln(P) + b_0$ 回归后获得的各年回归
系数 $b_1$ ……………………………………………………… 49
表4-2 基于截面回归后计算得到的各年样本经济体可比
人均出口额的几何平均数(美元/人) ……………… 49
表4-3 典型经济体典型年份出口规模比较指数值 ………… 51
表4-4 跨越者在跨越关键期四大产业出口占比变动量和
关键期后占比最高值所在年的PIR ………………… 68
表4-5 未跨越者四大增长点产业出口占比的历史最大值、

| | | |
|---|---|---|
| | 所在年份与当年 PIR ································· | 69 |
| 表 4-6 | 1980~2015 年典型样本经济体典型年份百万人口发明专利申请量 ································· | 70 |
| 表 4-7 | 1980~2015 年典型样本经济体典型年份经济体创新活跃度指数 ································· | 71 |
| 表 5-1 | 1985~2008 年美国德国日本出口增量额的产业构成（%） ································· | 79 |
| 表 5-2 | 跨越者在跨越关键期出口增量额的产业构成（%） ······ | 80 |
| 表 5-3 | 未跨越者在"错失的跨越关键期"出口增量额的产业构成（%） ································· | 82 |
| 表 5-4 | 2008 年样本经济体 PPVR-manu 分别和 2008 年及 2003 年各对数化出口产业占比的相关系数 ········· | 84 |
| 表 5-5 | 2008 年样本经济体 PCIPI 分别和 2008 年及 2003 年各对数化出口产业占比的相关系数 ········· | 85 |
| 表 5-6 | 中国台湾地区两对数化出口占比变量和其他量化变量的格兰杰因果关系检验 ················· | 91 |
| 表 5-7 | 韩国两对数化占比变量和其他量化变量的格兰杰因果关系检验 ································· | 91 |
| 表 5-8 | 马来西亚两对数化占比变量和其他量化变量的格兰杰因果关系检验 ································· | 92 |
| 表 5-9 | 墨西哥两对数化占比变量和其他量化变量的格兰杰因果关系检验 ································· | 92 |
| 表 5-10 | 土耳其两对数化占比变量和其他量化变量的格兰杰因果关系检验 ································· | 93 |
| 表 5-11 | 德国两对数化占比变量和其他量化变量的格兰杰因果关系检验 ································· | 93 |

表 5-12　日本两对数化占比变量和其他量化变量的
　　　　　格兰杰因果关系检验……………………………… 94
表 6-1　分产业出口占比对数赶超度时期均值解释 PIR
　　　　变动取得最佳统计检验结果的时期及其检验值……… 124
表 6-2　典型发展中经济体分产业出口占比对数赶超度
　　　　择时期比较………………………………………… 126
表 7-1　lnDEV 和 PCIPI 赶超度时期均值解释 PIR 变动
　　　　取得最佳统计检验结果的时期及其检验值………… 138
表 7-2　典型发展中经济体 lnDEV 和 PCIPI 赶超度择时期
　　　　比较结果…………………………………………… 139
表 7-3　1980~2015 年所有发展中样本经济体 PIR 取
　　　　最大值时的四大关键赶超度和跨越态势研判………… 141
表 8-1　1992~2015 年中国不同产品类别在货物出口
　　　　总额中占比趋势（%）……………………………… 149
表 8-2　基于截面分析得到的中国赶超度分析若干指标……… 153
表 8-3　2015 年中国分省区市收入水平率指标和产业量比
　　　　指标………………………………………………… 157
表 8-4　1993~2010 年中国各省区市出口增量及其对全国出口
　　　　增量和 GDP 增量影响的度量（亿美元，%）……… 162
表 8-5　2010~2016 年中国各省区市出口增量及其对全国出口
　　　　增量和 GDP 增量影响的度量（亿美元，%）……… 165
表 8-6　2015 年中国各省区市百万人口发明专利申请量和
　　　　创新活跃度指数及其模拟赶超度…………………… 171

# 第一章

# 问题提出、文献述评和本研究基本内容

自中等收入陷阱问题提出后,引起国际社会广泛关注。不过,关于中等收入陷阱问题的研究,迄今学术界并未形成相对统一的研究框架。现有学术成果普遍存在两大缺陷,一是量化程度显得不深入,二是普遍没有抓住问题关键。本研究拟通过量化指标设计、数学模型建设和全球范围的国际比较,深入数量层面,通过历史趋势对照和模型参数分析,阐释并指出,对非特定禀赋经济体而言,中等收入陷阱问题关键在于工业化质量。在展开上述主题前,先交代本研究开展的文献背景。

## 一、关于中等收入陷阱问题和原因的解释

世界银行(2007)一份研究报告首度提出中等收入陷阱概念,指的是经济体从低收入阶段成长为中等收入阶段的发展战略,对于向高收入阶段的发展将不能重复使用,由此导致收入水平停滞。报告初步认为,中等收入国家被挤压在中间,一方面面临低收入国低成本竞争压力,另一方面则面临主导各成熟产业的富裕国的创新优势竞争压力,这种两头受压可能导致经济增长动力衰竭。

如果从宏观收入水平增长可持续性的角度来看，中等收入陷阱问题无疑属于发展中经济学研究的主题。因此，所有用来解释经济发展停滞原因的理由，也可以试着用来解析中等收入陷阱。也正因为这样，自这一问题提出之后，国内外确实有大量学者，或着重从经济发展的某一方面问题，或综合考虑经济体系的多方面因素，试图指出中等收入陷阱发生的原因。现选择相对典型的观点，不完全列举如下。

——盲目的"福利赶超"。樊纲和张晓晶（2008）认为，由于拉美国家有民粹主义传统，盲目实行"福利赶超"，造成社会福利开支急剧增大，超出社会承受范围，以致引发政府债务危机和宏观不稳定，乃至再对整体经济发展造成严重破坏。

——收入分配不合理。蔡昉和王美艳（2012）分析指出，经济增速减慢和收入差距拉大之间有可能形成相互促进的恶性循环。收入分配严重不平等，会造成社会不稳定和社会凝聚力降低，在改革方向和举措上难以达成共识，继而成为经济增长障碍和经济进一步减速乃至停滞的原因。

——未能成功跨入"技术吸收"阶段。日本学者大野健一（Kenichi Ohno，2009）认为，产业发展可分为吸收外资、工业聚集、技术吸收、技术创新四阶段，各阶段典型代表分别是越南，马来西亚和泰国，韩国和中国台湾地区，日本和美国，部分国家落入中等收入陷阱，是因为未能成功从阶段2向阶段3迈进。

——社会成员流动性不足。蔡洪滨（2011）认为，社会流动性是造成中等收入陷阱的最核心因素。中国[①]要避免中等收入陷阱，关键是要保持一个合理的社会流动性，而最重要的渠道，就是要保

---

① 政治概念上的中国包括中国大陆（中国内地和中国香港、中国澳门）和中国台湾。本书所说的中国多数指的是经济体，所涉数据不含香港、澳门和台湾。

障所有人都能公平获得受教育机会,并由此保证中国产业转型有人力资源保证。

——教育和科技水平未能跟上。巴利·艾森格林等（Eichengreen et al.，2013）发现,到达减速门槛之后,那些人口教育水平相对较高且出口高技术产品占比较大的经济体,速度大幅下降可能性更低。

——经济增长动力转换的缺失。张德荣（2013）认为,不同经济发展阶段经济增长的动力机制不同。进入中高收入阶段以后,原来发挥重要作用的要素积累对经济增长的推动作用开始下降,制度和原创性技术进步成为经济可持续增长的关键要素。

——三方面因素综合作用。厉以宁（2012）指出,中等收入陷阱包含三个陷阱：发展的制度陷阱,要靠改革来避免;社会危机陷阱,要靠缩小城乡与地区收入差距和社会管理创新来避免;技术陷阱,要靠技术创新和资本市场创新来解决。

——多因素综合作用。作为国际货币基金组织（IMF）工作论文,艾雅尔等（Aiyar et al.，2013）以经济体增速放缓概率为因变量,以制度、人口、基础设施、宏观环境、产出结构和出口结构等方面量化指标作为影响因素建立模型,发现对中等收入经济体而言,政府放松管制、基础设施条件都很重要,另外,区域贸易一体化、产出多样化等因素都有助于降低增速放缓概率。

本研究拟在全球范围遴选工业型经济体,就其经济发展开展全景式的深入比较,并多角度论证以下主题：非特定禀赋经济体中等收入陷阱问题关键在于工业化质量。对照现有文献关于中等收入陷阱问题的各种诠释,本研究的结论和其他各式论点之间有什么联系呢？

笔者认为,对在自然资源、地理位置方面不拥有特定禀赋优势的经济体而言,中等收入陷阱跨越是一个系统工程,会牵涉社会方方面面,在这个系统工程中,工业化是其中关键环节。其他各方面社会经济因素，如社会分配、技术创新、制度改革等，也可能会影响到中等收入经济体的收入提高和经济发展，但所有其他方面的影响，都需要通过影响"工业化质量"这一关键环节才能实现。并且，相比其他因素，工业化质量因素对中等收入陷阱问题的形成更具有直接性、关键性和普遍适用性，而其他因素，或者其影响经济发展的效果相对间接，或者其不具有面向所有中等收入经济体的普遍适用性。

## 二、关于中等收入陷阱的量化和研判

目前，大部分研究者基于世界银行不断变动的人均收入水平分组来量化研判经济体是否处于中等收入陷阱状态。世界银行关于收入水平高度分组划分的数量界限在不断调整，调整主要依据是价格指数。如表1-1显示2013财年以来世界银行公布的相应年份收入水平高度划分界限。按世界银行标准，只有在各相应年份，某经济体人均GNI都显著超过高收入界限，并且持续相当长时期，才能认为该经济体已跨越中等收入陷阱（本研究以下"跨越（者）"均指"中等收入陷阱跨越（者）"，"未跨越（者）"含义类推）。

表1-1　世界银行2013财年以来关于全球经济体的收入水平分组的数量界限（以美元计人均GNI）

| 财年 | 2013 | 2014 | 2015 | 2016 | 2017 | 2018 |
|---|---|---|---|---|---|---|
| 人均GNI属年 | 2011 | 2012 | 2013 | 2014 | 2015 | 2016 |
| 低 | ≥1025 | ≥1035 | ≥1045 | ≥1045 | ≥1025 | ≥1005 |
| 中下 | 1026~4035 | 1036~4085 | 1046~4125 | 1046~4125 | 1026~4035 | 1006~3955 |
| 中上 | 4036~12475 | 4086~12615 | 4126~12745 | 4126~12735 | 4036~12475 | 3956~12235 |
| 高 | >12475 | >12615 | >12745 | >12735 | >12475 | >12235 |

资料来源：https://datahelpdesk.worldbank.org/knowledgebase/articles/906519。

按照表1-1，世界银行2018财年（2017年7月1日至2018年6月30日，其他财年时间范围类推）最新关于收入水平高度的界限划分标准如下。

——低收入水平组，2016年人均GNI在1005美元及以下。

——中下收入组，2016年人均GNI在1005~3955美元区间。

——中上收入组，2016年人均GNI在3956~12235美元区间。

——高收入水平组，2016年人均GNI在12236美元及以上。

世界银行关于收入水平高度的判定，是一种人为界限划定，而不是某种统计量化指标的数量结果。因而，就很难以之为基础开展相关数学运算。并且，世界银行目前给出的高度界限最早只到1987年，因此，使用世界银行的标准来开展长时间的国际比较，也会面临很大局限性。

也有学者试图通过自己定义的方式，来研判中等收入陷阱跨越，如菲利普等（Felipe et al.，2012）设定时间门槛，如果规定年限内未达相应绝对收入水平高度，则认为落入中等收入陷阱。巴利·艾森格林等（Eichengreen et al.，2013）试图通过观察经济增长速度的变动来界定中等收入陷阱。吴（Woo，2011）则试图用经济体人均GDP相对美国人均GDP的比值来界定中等收入陷阱。

## 三、关于工业化进程与经济发展之间的联系

工业化和经济发展之间的关系，曾经受到学术界重视。以下先回顾前人所开展的与此主题相关的工作，再简要交代若干学者基于中国工业化现状的考察，对中国未来跨越中等收入陷阱前景做出的判断。

## (一) 工业结构对经济发展的影响

德国经济学家霍夫曼（1931；中译本，1980）在《工业化阶段和类型》一书中，曾提出著名的霍夫曼定理。该定理指出，随着工业化进程深入，资本资料工业在制造业中所占比重会不断上升，并超过消费资料工业所占比重。

二战以后，对工业结构变化促进经济发展主题开展过深入研究的典型学者是钱纳里。钱纳里、塞尔昆（1975；中译本，1988）多国模型认为，工业化进程中生产、需求、贸易等方面结构变化，是推动人均收入水平的关键力量。钱纳里等人（1986；中译本，1995）进一步研究发现，经济结构转变加速经济增长；需求因素和供给结构同样重要；经济体越开放，全要素生产率对增长贡献越大；制成品出口导向国家，经济结构变化速度较快，国内外产业联系程度更高，制造业对增长贡献也越大。

进入 21 世纪后，有若干学者注意到发展中经济体工业结构转变和收入水平提升之间的联系。达斯古普塔和辛格（Dasgupta & Singh，2006）认为，20 世纪 80 年代后期以来拉美国家工业化产值占 GDP 份额较大幅度下降，可能是经济停滞的重要原因。陈昌盛（2011）认为，中等收入陷阱问题实质是工业化没有顺利完成。

## (二) 制造业和服务业之间的关系

观察主要通过工业化进程实现中高收入的经济体，可看到，随着收入水平提升，制造业和服务业会逐渐成为社会收入主体。于是，一个自然问题是，两大主体产业——制造业和服务业的相互关系如何？

关于这一主题文献丰富，研究者已将关于制造业和服务业关系的论点归纳为四种类型：需求遵从论、供给主导论、互动论、融合论，应该说，四类观点都有相对合理性，只是对各类经济体不同发展阶段适用程度不同。本研究主要涉及中等收入陷阱跨越前后制造业和服务业之间的关系，后续论据将主要和"需求遵从论""互动论"的相关研究形成呼应关系。作为需求遵从论经典论文，科恩和齐斯曼（Cohen & Zysman，1987）分析指出，只有工业化和制造业发展到一定高度，才会衍生出大量服务需求，服务业部门发展主要得益于制造业发展壮大。格瑞里和梅里西安尼（Guerrieri & Meliciani，2005）分析经济合作组织六个典型国家的投入产出，认为生产性服务业国际竞争力决定变量之一是国内制造业部门的市场需求。作为互动论典型论文，帕克和陈（Park & Chan，1989）认为，制造业发展带动生产性服务业发展，而生产性服务业发展反过来促进制造业升级。

（三）货物出口状态和收入水平提升之间的关系

除少数资源出口型经济体外，对大部分中高收入经济体而言，工业制成品出口是货物出口的主体（比重在75%以上），因此经济体货物出口状况是工业化特征的重要反映。

关于出口规模对收入水平的促进。较早典型研究如巴拉萨（Balassa，1978）、费德（Feder，1982）等。国内近期研究有林毅夫、李永军（2003）、张兵兵（2013）等。

进入21世纪之后，学者们试图通过出口产品状况做某种运算，在运算结果和中等收入陷阱跨越之间建立联系。产品空间方法来自豪斯曼和克林格（Hausmann & Klinger，2006）、伊达尔戈等（Hidalgo et al.，2007），尤素福和边岛（Yusuf & Nabeshima，2009）借鉴该方法考查马来西亚出口产品，论证结构转换乏力是马来西亚陷入中等收入陷阱的主要原因。扬科夫斯卡等（Jankowska et al.，2012）运用产品空间方法论证，相比巴西、墨西哥，跨越者韩国出口产品多样性和关联性更强。菲利普等（Felipe et al., 2012）对比分析亚洲经济体贸易产品结构，提出"产品陷阱"概念，产品陷阱指的是出口产品的关联度差、复杂度低的现象。邱玉娜、李月（2012）运用来自豪斯曼和克林格（Hausmann & Klinger, 2006）的产品密度值概念比较分析指出，中国机械运输等类出口产品密度值高于或接近世界平均水平，表明未来中国出口具较强结构转换能力，并有利于跨越中等收入陷阱。

出口技术复杂度概念来自豪斯曼等（Hausmann et al., 2005）。国内外有不少学者关注到中国出口技术复杂度和收入水平提升之间的联系。罗德里克（Rodrik, 2006），肖特（Schott, 2006），杨汝岱、姚洋（2008）等认为，基于出口复杂度运算的结果揭示，中国出口技术结构处于明显高于和人均 GDP 相匹配的水平；杜修立、王维国（2007）则认为中国出口技术结构一直低于东盟和其他发展中国家的整体水平。

笔者（徐强，2014a，2014b，2014c）基于借鉴钱纳里模型开展截面建模，就 1980 年来工业型发展中经济体收入水平和货物出口的规模、结构之间的关系开展国际比较，认为工业型经济体要成功赶超发展，其出口相对规模、关键产品出口占比应上升到相应高度，而基于截面回归参数计算得到的出口规模和结构比较量值，则需要满足相应的正赶超条件，以为收入水平持续上升提供动能。

（四）技术创新成果对经济发展的影响

随着工业化进程深入，以专利为代表的技术创新成果数量会不断增长。学术界通常认为，经济体技术创新成果和能力关系到经济发展绩效。以下列举面向若干典型经济体的实证研究成果。杨（Yang, 2006）利用 1951~2001 年中国台湾的专利数量与经济增长年度数据进行研究，结果表明专利数量对二战后台湾的经济增长有着十分显著的影响。金等（Kim，2010）基于韩国经验数据，认为韩国国内、国外专利数量对韩国制造业的全要素生产率都有正向作用。加勒斯（Jalles，2010）利用1980~2005年73个国家的面板数据，发现专利数量对全要素生产率和人均GDP实际增长率有显著的正向促进作用。关于以国内经验素材为基础的研究，赵彦云、刘思明（2011）基于中国省际面板数据分析发现，1998~2008年，发明专利数量的影响对全要素生产率的影响远大于实用新型和外观设计专利。

### （五）基于工业化特征研判中国跨越中等收入陷阱的前景

邸玉娜、李月（2012），扬科夫斯卡等（Jankowska et al.，2012），菲利普等（Felipe et al.，2012）都基于工业化特征或出口状态国际比较判断认为，中国跨越中等收入陷阱前景乐观。刘世锦（2016）指出，中国成功利用工业化时期高速增长的潜力，现在已不可能落入拉美式中等收入陷阱。

## 四、关于文献的述评与总结

——关于中等收入陷阱问题发生的原因。现有学术成果普遍存在两大缺陷，一是量化程度显得不深入，二是普遍没有抓住问题关键。

——关于中等收入陷阱的量化和研判。直至目前，研究者所使用方法主要问题是通用性和可运算性不强，即学术界仍没有提出某种指标，该指标能通用于跨时间跨空间的比较，且能以之为基础开展各种运算。

——关于工业化进程、制造业发展对收入水平提升的重要意义。钱纳里等人的系列研究抓住问题关键，只是钱纳里所分析的经验素材较早，尚未触及直至2007年才正式提出的中等收入陷阱问题。近期有若干研究注意到工业化进程与中等收入陷阱跨越之间的联系，但仍无学者从定量层次，明确揭示中等收入陷阱跨越，要求经济体在制造业发展和其他工业化特征上面满足何种数量条件。

——关于制造业和服务业的关系。迄今，其他研究者对二者具体影响机制研究较多，对工业化先行国关注较多，研究方法多采用投入产出法，而关于发展中经济体，关于影响效果的时序变化研究相对较少。

——关于货物出口态势和中等收入陷阱之间的关系。迄今，尚没有其他研究者基于现有海关标准分类贸易数据，基于科学的指标设计和深入的定量分析，明确指出跨越者和未跨越者的出口总量规模、出口产业结构等方面的数量特征有哪些显著差别，并明确提出跨越需要在出口总量和结构上满足哪些量化条件。

——关于技术创新成果对经济发展绩效的影响。研究者关注点集中于技术创新成果和增长绩效的相互关系，尚没有研究者将上述关系和中等收入陷阱跨越联系起来，也没有研究者指出，中等收入陷阱跨越对经济体创新活跃程度有什么定量要求。

面向以上各方面前人研究成果未曾解决的问题，本研究拟设计合理研究方案，基于大量而充分的数据处理，通过深入的国际比较，予以阐释和解决。

## 五、本研究的基本目标和工作内容

### （一）基本目标

本研究拟深入数量层面，通过多角度量化指标设计、经验素材展示、数学模型建设和全球范围的国际比较和深入论证，阐释并指出，非特定禀赋经济体中等收入陷阱问题关键在于工业化质量，跨越陷阱要求经济体工业化特征量化指标满足系列条件。

(二) 展开的逻辑流程

图1-1所示交代本研究展开的逻辑流程。其中每方框显示一项主题工作，前面括号中的数字交代该主题工作将放在哪一章完成，没有标号的表示将放在大部分章节中完成。

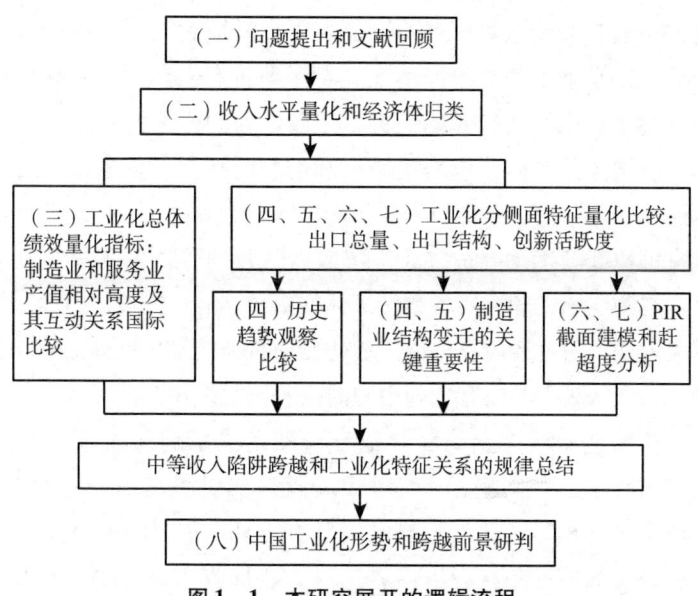

```
(一) 问题提出和文献回顾
          ↓
(二) 收入水平量化和经济体归类
          ↓
┌─────────────────┬──────────────────────────────┐
(三) 工业化总体      (四、五、六、七) 工业化分侧面特征量化比较：
绩效量化指标：       出口总量、出口结构、创新活跃度
制造业和服务业              ↓
产值相对高度及    ┌──────────┬──────────┬──────────┐
其互动关系国际    (四) 历史    (四、五) 制造  (六、七) PIR
比较              趋势观察    业结构变迁的  截面建模和赶
                  比较        关键重要性    超度分析
          ↓
中等收入陷阱跨越和工业化特征关系的规律总结
          ↓
(八) 中国工业化形势和跨越前景研判
```

图1-1 本研究展开的逻辑流程

(三) 工作内容

围绕前述中心主题，按照图1-1所示逻辑流程，本研究拟从以下方面，设计研究方案并解决相关问题。

——收入水平量化和经济体归类（第二章）。拟设计统计指标

量化经济体总收入水平、产业产值水平的相对高度，并在此基础上划分经济体类型。收入水平指标设计、经济体类型划分是后续研究展开的基础。

——制造业和服务业产值相对高度及其互动关系（第三章）。制造业和服务业产值相对高度是工业化总体绩效特征。拟对照观察跨越者制造业和服务业产值相对高度的变动态势；通过数学建模，分析制造业产值相对高度和服务业产值相对高度的互动关系，揭示二者的先导和主导关系，阐释跨越者和未跨越者互动模式差异。拟论证的主题：制造业和服务业产值高度提升同为工业化进程有机组成部分；制造业产值高度变动在二者变动具有先导性和主导性；制造业是中等收入陷阱跨越的关键，但两产业同样重要。

——典型经济体出口总量结构和创新活跃度量化指标的历史趋势描述和初步分析（第四章）。选择以下工业化侧面特征，设计和计算具有可比性的统计指标：出口总量、出口产业结构、技术创新活跃程度。观测、描述和比较各类经济体的指标趋势。比较将揭示，经历跨越关键期，跨越者所有重要工业化侧面特征的量化指标都攀升至高水平，而未跨越者则没有任何历史时期曾满足上述条件。

——制造业结构变动和其他经济变量关系的深入考察（第五章）。拟阐释主要制造业门类对中等收入陷阱跨越的相对重要性，论证机电装备出口占比、轻机电出口占比是最重要的两大关键结构指标。拟考察方面包括以下内容。（1）不同收入水平动态下出口额增量产业构成对比。拟揭示在"维系很高收入水平""中高收入向高收入水平跨越""停滞在中高收入水平"等不同收入水平动态下的出口额关键产业增长点。（2）制造业产值相对高度指标、创新活跃度指标分别和各对数化出口占比指标的相关分析。（3）制造业产值相对高度指标、创新活跃度指标分别和各对数化出口占比指标的回归分析。（4）典型经济体两大关键占比指标和制造业产值相对高度指标、创新活跃度指标、收入水平率指标的格兰杰因果检验。

——关键工业化特征变量和收入水平高度指标的截面回归建模和赶超度分析（第六、第七章）。总目标是基于截面回归建模，以赶超度指标形式，将跨越者和未跨越者关键工业化特征的数量表现明确区分开来。关键工业化特征变量包括关键（对数化）出口产业占比、（对数化）总出口额、创新活跃度指数。其中出口产业占比是一组指标。拟通过截面回归过程，基于回归参数和赶超度结果，再次明确机电装备占比、轻机电占比是最重要的两大关键结构指标，并明确其他次关键结构指标。截面回归建模和赶超度指标分析还将揭示非特定禀赋经济体跨越中等收入陷阱的多侧面量化指标条件：在跨越关键期，关键工业化特征量化指标上升和收入水平上升之间维系亦步亦趋的良性互动关系，以使得收入水平提升获得持续动力；在量化指标表现上，就是相应关键工业化特征指标的赶超度值持续为正。

——中国总体和分区量化指标的观察和分析（第八章）。拟基于中国总体和分区的量化指标数值，细致研判中国工业化形势和应对中等收入陷阱问题的形势，预判跨越前景，并就提升工业化质量和推进跨越进程提出建议。本研究认为，中国大部分省区工业化进程和收入水平提升之间良性互动，跨越前景可期，中国跨越中等收入陷阱的总行动要领是：以提升工业化质量为主要动力，分区推进跨越进程。

# 第二章

# 收入水平量化、经济体归类分组和样本经济体选择

本章通过设计量化相对收入高度的收入水平率（PIR）指标，先解决中等收入陷阱的量化研判问题。PIR指标的运用将贯穿本研究的始终，是所有后续研究的工具基础。通过初步运用该指标，本章还拟解决经济体按收入水平归类分组、截面样本经济体选择、典型发展阶段的标识等问题。

一、收入水平率指标及其在量化研判中等收入陷阱上的初步运用

中等收入陷阱中的"中等"可做两种理解。一是就同一时间截面而言，全球经济体收入水平比较状态下的中等。另一种理解是以现有发达工业经济体的历史发展为线索，将他们现在所处的收入水平视作高等，以此为参照，将他们某个历史阶段的收入水平作为中等。从现有文献和世界银行关于收入水平的分组看，目前学术界的理解方式以第一种居多。我们取第一种理解方式。

## 第二章 收入水平量化、经济体归类分组和样本经济体选择

如曾阐述，包括世界银行在内的现有关于"中等收入"的数量研判方法缺乏动态可比性和可运算性。从统计学角度看，衡量某一统计总体某数量指标"中等"的指标可用其所有个体指标的平均数，由此设计收入水平量比（R-income）和人均收入水平率（简称收入水平率，PIR）指标，计算式如式（2-1）、（2-2）。

$$\text{收入水平量比（R-income）} = \frac{\text{经济体人均收入水平}}{\text{全球人均收入水平}} \quad (2-1)$$

$$\begin{aligned}\text{收入水平率（PIR）} &= \ln[\text{本经济体收入水平量比(R-income)}] \\ &= \ln\left(\frac{\text{经济体人均收入水平}}{\text{全球人均收入水平}}\right)\end{aligned} \quad (2-2)$$

其中，人均收入水平指标可根据研究需要和数据可能，灵活选用人均 GNI 或人均 GDP。在本研究中，涉及收入水平和要素成本量化的时候，均选择人均 GDP 作为 PIR 计算的依据。

收入水平率（PIR）指标的基础功能体现在以下方面。

——量化经济体人均收入相对高度。

——量化经济体要素成本相对高度。按国民收入核算原理，国民收入也是付给所有要素贡献者的要素成本，因此，收入水平率也衡量要素成本高度。

——消除人均收入指标的价格因子（货币量纲）。

基于上述基础功能，收入水平率指标在本研究中将在以下方面发挥重要作用：用于经济体的类型划分，用于观测、研判和比较经济体的"中等收入陷阱"跨越过程，用于观测各种收入水平动态变化，用作数学模型建设的主要变量，等等。

为方便后续叙述，我们应用 PIR 指标，厘定本研究关于收入水平分组（对应特定"称呼"）的界限标准，这些组别包括低、中低、中中、中高、较高、很高，如表 2-1 所示。

表2-1 以PIR指标划定收入水平标准

| PIR | 人均GDP相当于世界人均GDP的倍数 | 2015年人均GDP范围（美元） | 划分组别（相应"称呼") ||
|---|---|---|---|---|
| <-2 | <0.135 | <1377美元 | 低 ||
| [-2, -1) | [0.135, 0.368) | [1377, 3742) | 中低 | 中 |
| [-1, -0.5) | [0.368, 0.607) | [3742, 6170) | 中中 | 中 |
| [-0.5, 0.5) | [0.607, 1.649) | [6170, 16772) | 中高 | 中 |
| [0.5, 1.2) | [1.649, 3.320) | [16772, 33776) | 较高 | 高 |
| ≥1.2 | ≥3.32 | ≥33776 | 很高 | 高 |

从量化研判中等收入陷阱跨越的要求看，一般而言，如果一经济体PIR较长时间（10年左右）达到或超过0.5，表明其人均收入水平已很长时期达到"较高"标准，便可认为该经济体已经跨越中等收入陷阱。

作为PIR指标和表2-1标准的初步运用，图2-1选择2个典型发展中经济体，显示其1970~2015年PIR指标（基于UNCTAD人均GDP数据）趋势。跨越者和未跨越者的PIR趋势特征表现出明显差异。未跨越者马来西亚的PIR在低水平上遭遇回落拐点，而后在低水平区间往复振荡，而跨越者韩国PIR在超过0（收入水平超全球平均水平）后仍上升较长时间，于1996年达0.898后才停止持续上升。

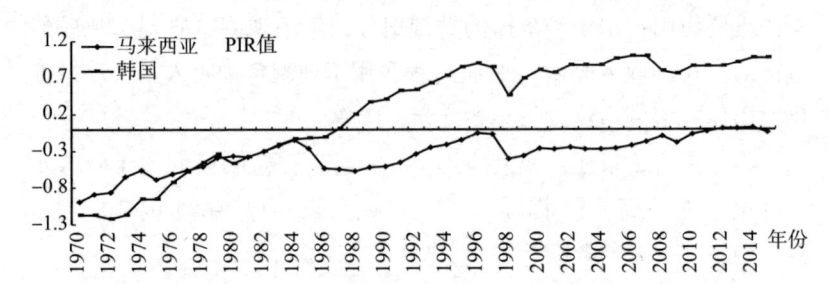

图2-1 1970~2015年两个典型跨越者和未跨越者收入水平率指标趋势的对照

资料来源：基于联合国贸发会议数据库（UNCTAD）数据计算。

## 第二章 收入水平量化、经济体归类分组和样本经济体选择

## 二、发展中经济体相对收入水平提升的主要途径

继续运用收入水平率指标。基于人均GDP计算2015年所有经济体收入水平率（PIR），将至2015年达到"较高"收入水平的非发达经济体找出，并初步分类观察产业格局特征。由于我们厘定"较高"收入标准为PIR大于0.5，这就意味着2015年其人均GDP大于全球平均水平的1.65（即$e^{0.5}$）倍，即大于16772美元。将发达经济体及其海外领地经济体和人口总量在100万以下极小型经济体排除，2015年PIR在0.5以上的经济体共13个。主要根据货物出口结构和主导产业，初步将上述13经济体区分为3类。

——主要依靠能源矿产出口获取高收入，该类经济体称为自然资源特定禀赋经济体。

这类经济体包括卡塔尔（2.287，2015年PIR，下同）、阿联酋（1.525）、科威特（1.389）、巴林（0.928）、沙特阿拉伯（0.907）、阿曼（0.615）。据联合国UN Comtrade数据，2015年，上述经济体"燃油矿产类"出口占其本地货物出口额比重都超过80%。

——主要依靠和地理位置相关特色服务业获取高收入，该类经济体称为地理位置特定禀赋经济体。

这类经济体包括新加坡（1.620）、中国香港（1.421）、爱沙尼亚（0.511）。它们都是国际贸易转口大港，国际金融中心，著名的国际旅游目的地。

——主要依靠正常工业化和产业升级实现高或较高收入，该类经济体称为非特定禀赋经济体。

这类经济体包括韩国（0.975）、斯洛文尼亚（0.700）、中国台湾地区（0.755）、捷克（0.524）。据联合国UN Comtrade和WTO数据，2015年，上述经济体制造业产品占本地货物出口额比

重都超过80%。

这已初步提示，在经济全球化背景下，发展中经济体要跻身高收入者行列，主要途径有三：出售自然资源，经营特色服务，发展制造业。其中前两条途径，对中国大部分地区不具借鉴意义。因此本研究以下将主要关注非特定禀赋经济体。本研究后续论述中，有时也称收入水平已经在"中低"及之上的非特定禀赋经济体为工业型经济体。

## 三、产业量比指标和典型经济体产业量比比较

### （一）产业量比及其对数化指标

产业量比是指经济体人均第i产业产值相对全球人均GDP的比值，称为i产业全球人均GDP量比，简称i产业量比。i产业量比取对数后的数值，称为i产业产值水平率。i产业量比、i产业产值水平率都是经济体i产业产值（收入）水平相对高度的量化指标。

$$\begin{matrix} 经济体i产业全球人均 \\ GDP量比（R\text{-}industry_i） \end{matrix} = \frac{本经济体人均i产业增加值}{全球人均GDP} \quad (2-3)$$

$$\begin{matrix} i产业产值水平率 \\ (PPVR\text{-}industry_i) \end{matrix} = \ln(R\text{-}industry_i) = \ln\left(\frac{本经济体人均i产业增加值}{全球人均GDP}\right) \quad (2-4)$$

于是，收入量比就是所有产业量比求和，收入水平率（PIR）就是所有产业量比之和取对数。

$$收入量比（R\text{-}income） = 矿产业量比 + 制造业量比 + 服务业量比 + 其他产业量比 \quad (2-5)$$

$$PIR = \ln(收入量比) = \ln(矿产业量比 + 制造业量比 + 服务业量比 + 其他产业量比) \quad (2-6)$$

### (二) 不同类别经济体收入量比的产业结构差异

表2-2分类显示2015年典型经济体PIR和所对应收入量比R-income的产业量比构成。

(1) 自然资源特定禀赋经济体。2015年，阿曼、沙特、阿联酋的矿产业量比都在0.5以上，表明仅仅其矿产业创造收入就足以使得本经济体跻身为较高收入水平经济体。其中阿联酋更高至1.075。三经济体的制造业、服务业量比则表现出较大差异。

(2) 地理位置特定禀赋经济体。2015年，新加坡、中国香港、爱沙尼亚的服务业量比都在1以上。上述三经济体制造业发达程度差异较大，其制造业量比分别为0.956、0.050、0.230。

(3) 非特定禀赋经济体。2015年，该类经济体跨越者和未跨越者的制造业量比、服务业量比都呈现出较大差距。跨越者韩国、中国台湾、捷克的制造业量比在0.4以上，服务业量比在0.9以上，未跨越者马来西亚、墨西哥的制造业量比在0.25以下，服务业量比在0.6以下。跨越者的制造业量比和服务业量比，构成收入水平高度的主体部分。

## 四、本研究截面模型的样本经济体选择

### (一) 遴选标准

本研究后续研究展开过程中，要多次使用时间序列数学模型和截面回归模型，以便对所提出假设开展论证，并就不同经济体相关情况开展国际比较。因此，有必要为后续数学模型建设，遴选出相

表2-2　2015年典型经济体PIR和对应R-income的产业量比构成

| 指标 | | 自然资源 | | | 地理位置 | | | 跨越者 | | 非特定禀赋经济体 | | 未跨越者 | |
|---|---|---|---|---|---|---|---|---|---|---|---|---|---|
| | | 特定禀赋经济体 | | | | | | | | | | | |
| | | 阿曼 | 沙特 | 阿联酋 | 新加坡 | 中国香港 | 爱沙尼亚 | 韩国 | 中国台湾 | 捷克 | 马来西亚 | 墨西哥 |
| 产业量比 | 矿产 | 0.558 | 0.547 | 1.075 | 0.069 | 0.065 | 0.078 | 0.082 | 0.055 | 0.079 | 0.112 | 0.080 |
| | 制造 | 0.148 | 0.250 | 0.392 | 0.956 | 0.050 | 0.230 | 0.722 | 0.663 | 0.419 | 0.219 | 0.157 |
| | 服务[①] | 0.763 | 1.052 | 2.302 | 3.552 | 3.753 | 1.005 | 1.463 | 1.308 | 0.927 | 0.491 | 0.507 |
| | 其他 | 0.379 | 0.628 | 0.828 | 0.473 | 0.274 | 0.354 | 0.384 | 0.103 | 0.264 | 0.130 | 0.140 |
| 收入量比 | | 1.849 | 2.478 | 4.596 | 5.051 | 4.141 | 1.668 | 2.652 | 2.128 | 1.688 | 0.952 | 0.885 |
| PIR | | 0.615 | 0.907 | 1.525 | 1.620 | 1.421 | 0.511 | 0.975 | 0.755 | 0.524 | -0.049 | -0.122 |

注：①本章服务业均不含建筑业，建筑业包括在其他产业类别中。
资料来源：基于联合国贸发会议数据库（UNCTAD）数据计算。

## 第二章 收入水平量化、经济体归类分组和样本经济体选择

对稳定的样本经济体。其中，用于时间截面上的截面样本经济体的范围，应涵盖全球范围绝大部分数据条件具备、工业化具一定基础的非特定禀赋经济体，以使得截面回归参数能大致反映出全球工业型经济体工业化特征和收入水平关系的平均形态。另外，非截面建模的对象经济体选择，应遴选截面样本经济体中的典型经济体。拟按以下思路和标准选择和确定截面样本经济体。

（1）不考虑最不发达经济体。由于本研究要求样本经济体的量化指标具观测意义，而最不发达经济体或指标数据欠缺，或相关指标观测和分析意义不大。

（2）排除港城经济体。这一要求将所有地理位置特定禀赋经济体排除在外。

（3）排除极小型经济体，具体标准是人口数量大于300万。其主要原因在于，只有经济体人口和其他经济规模达到一定规模，工业化特征和收入水平之间的关系才会表现出相应规律性。

（4）发展中经济体1980年以来大部分年份制成品在本体货物出口中占比高于30%。据钱纳里等人（1975；中译本，1989）揭示，按"正常发展型式"，结构变迁是工业化和收入水平提升的必要步骤，而工业制成品产值和出口占比提升又是结构变迁中的关键内容。20世纪70年代后，全球发展中经济体经济增长进一步印证钱纳里等人的推断。通常，如果一个发展中经济体制成品出口占比高于30%，则表明其工业化进程已经度过启动阶段，也表明就其所表现出的工业化特征和收入水平相互关系而言，矿产品出口所带来的干扰已被局限在一定限度之内。

（5）发达经济体1980年以来大部分年份制成品在本体货物出口中占比高于50%。该标准主要目的也在于防止部分发达经济体矿产品出口收入对截面建模分析带来过大干扰，按照这一标准，挪威、澳大利亚等矿产品出口占比较高的发达国家被排斥在样本经济

体之外。

（6）1980~2015年单项数据缺失不超过6年。本研究对部分经济体少数年份部分产品类别的出口额、专利申请量的数据缺失，采用适当方式补齐。如果一个经济体数据缺失太多，便不能也不宜采用任何方法补齐。按照上述标准，从苏联解体中形成的转轨经济体和部分中东欧转轨经济体，就不能选为样本经济体。

（二）遴选结果

按照上述标准，共遴选出41个经济体作为本研究的截面样本经济体。以下，分发达、非发达两组，列示各样本经济体（附带列示其PIR值）。

——发达样本经济体（共17个）。包括瑞士（2.069，2015年PIR，下同）、美国（1.689）、丹麦（1.627）、瑞典（1.581）、爱尔兰（1.553）、加拿大（1.463）、英国（1.458）、奥地利（1.453）、芬兰（1.406）、德国（1.39）、法国（1.264）、以色列（1.252）、日本（1.153）、意大利（1.087）、西班牙（0.927）、葡萄牙（0.622）、希腊（0.55）。

——非发达样本经济体（共21个）。包括韩国（0.975）、中国台湾（0.755）、捷克（0.524）、阿根廷（0.333）、波兰（0.177）、匈牙利（0.167）、哥斯达黎加（0.064）、马来西亚（-0.049）、土耳其（-0.107）、墨西哥（-0.122）、巴西（-0.195）、中国大陆（-0.227）、南非（-0.565）、泰国（-0.569）、约旦（-0.754）、萨尔多瓦（-0.89）、危地马拉（-0.965）、突尼斯（-0.97）、斯里兰卡（-1.018）、印度尼西亚（-1.094）、埃及（-1.145）、菲律宾（-1.234）、摩洛哥（-1.248）、印度（-1.793）。

全部截面样本经济体PIR在-1.8至2.1之间相对均匀分布。后续研究也将指出，各样本经济体工业化阶段也呈现出多样性。总体来说，上述样本组构具有科学性，有利于后续研究揭示相关规律。

在上述经济体中，有以下经济体需要对其历史早期年份指标计算的数据基础再做交代。其中，德国在1989年及以前使用联邦德国的数据，捷克在1992年及以前的使用捷克斯洛伐克的数据。在指标计算中，保证任何样本经济体同一年份所有指标涵盖的人口数量和国土范围相同。

## 五、典型样本经济体收入水平率指标趋势和典型发展阶段的标识

### （一）典型发达经济体

如图2-2所示，选择美国、德国（1990年以前用的是联邦德国数据）、日本、瑞士、西班牙、希腊六个发达样本经济体，展现其1970~2015年PIR指标的变动态势。

发达经济体收入水平变动和工业化特征的关系，不是本研究关注重点。不过，发展中经济体在跨越中等收入陷阱且收入水平升高到较高水平之后，也面临较高收入水平如何维系的问题，如不能较长时间维系，仍应视为跨越失败。因此，本研究后续研究，将多次使用发达经济体相关经验素材作为对照和借鉴。

图2-2显示，1970年以来，美国PIR波动范围为1.5~1.9，即一直在"很高"区间波动。1970~1995年，美国之外其他发达经济体的PIR指标都有显著提升，表明即使在1970年之后，美国之外的发达经济体仍在经历着程度不等的赶超发展，其中，德国、日本的收入水平由"较高"提升至"很高"，而西班牙、希腊则由"中高"提升至"较高"。

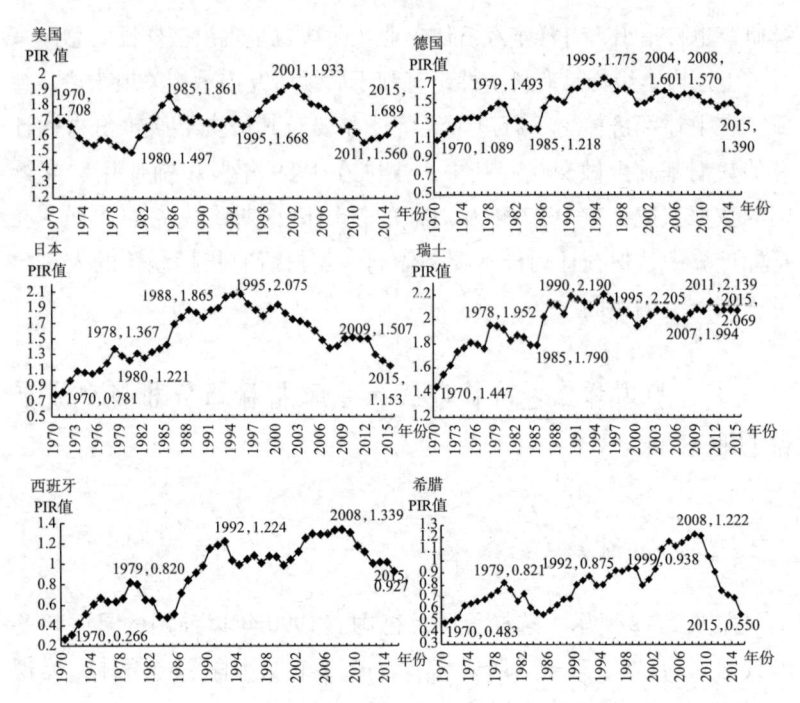

**图 2-2　1970~2015 年若干典型发达经济体收入水平率指标变动态势**

资料来源：基于联合国贸发会议数据库（UNCTAD）数据计算。

1995 年之后，上述发达经济体 PIR 走势差异很大。美国总体仍是幅度不是很大的波动。瑞士相对持稳；德国稳中微跌，2015 年为 1.39；日本持续下跌，2015 年为 1.15。西班牙和希腊 PIR 在 2008 年后持续大幅下跌，2015 年分别为 0.972、0.560，已由 "很高" 区间跌入 "较高" 区间多年。初步感受是，除美国之外，工业基础越好的发达经济体，PIR 维持高位稳定的能力越强。

（二）典型跨越者

如图 2-3 所示，选入样本经济体中的三个跨越者中国台湾地

## 第二章 收入水平量化、经济体归类分组和样本经济体选择

区、韩国、捷克的 PIR 变动态势。跨越者 PIR 在遇到高位回落拐点前，PIR 总体维系持续上升态势。为方便后续叙述，以下规定跨越者的跨越关键期。从定义上，跨越关键期指的是 PIR 越过 0 之后，基本维持持续上升态势的时期。

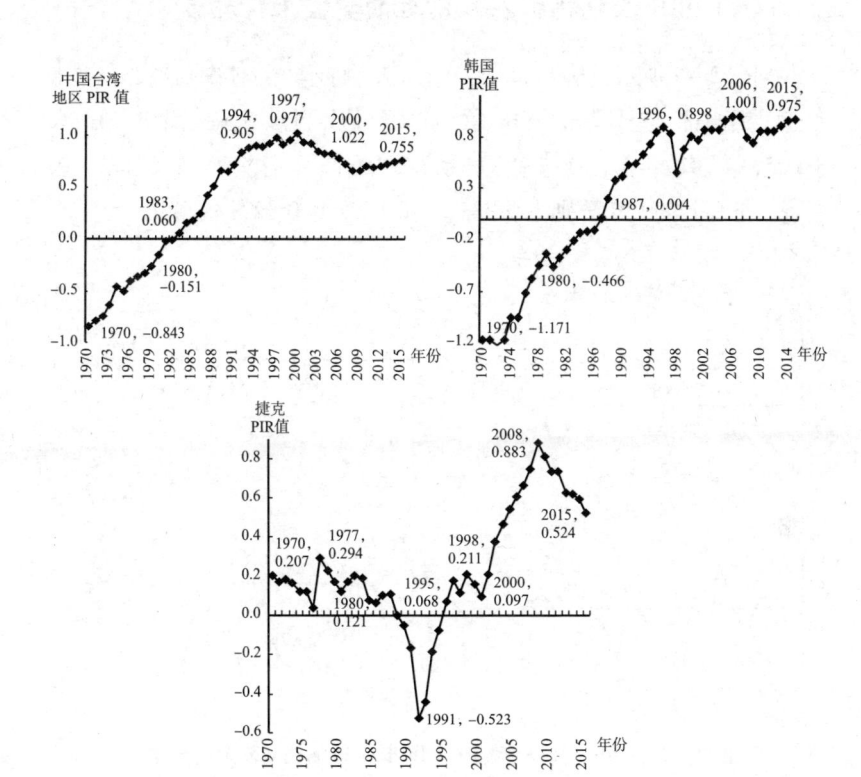

**图 2-3　1970~2015 年三个跨越者样本经济体收入水平率指标变动态势**

资料来源：基于联合国贸发会议数据库（UNCTAD）数据计算。

——中国台湾地区。跨越关键期是 1983~1994 年，此间 PIR 总体持续攀升，从 0.060 升至 0.905。

——韩国。跨越关键期是 1987~1996 年，此间 PIR 从 0.004

25

持续攀升至0.898。

——捷克。跨越关键期是2000~2008年，此间PIR从0.097持续攀升至0.883。

### （三）PIR长期徘徊在0附近的典型未跨越者

如图2-4所示，从1980年开始，选入样本经济体中阿根廷、马来西亚、墨西哥、土耳其的PIR上下波动，但不能实现持续多年PIR大于0.5，大多数年份在0值附近波动。2015年，阿根廷、马来西亚、墨西哥、土耳其的PIR分别为0.333、-0.049、-0.122、-0.107。

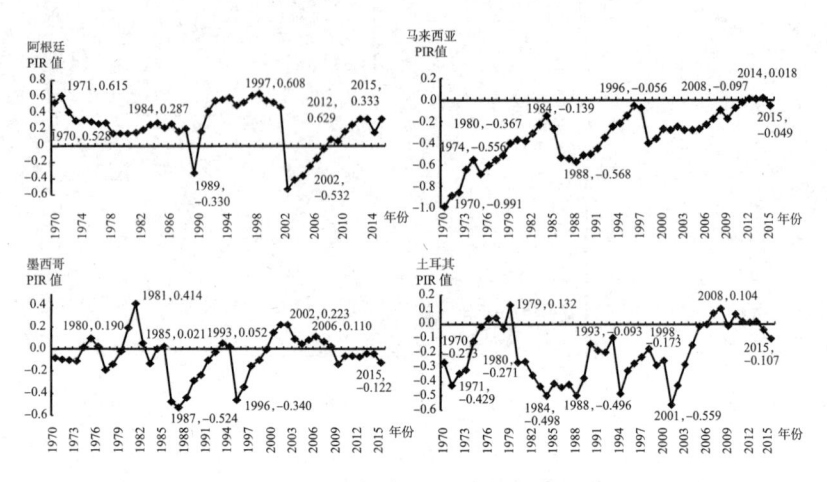

**图2-4 1970~2015年四个PIR长期徘徊在0附近的样本经济体收入水平率指标变动态势**

资料来源：基于联合国贸发会议数据库（UNCTAD）数据计算。

1980~2015年是上述四经济体PIR在0附近的徘徊期。按照上文关于PIR处在[-0.5, 0.5)为中高收入水平区间的定义，上述四经济体在1980~2015年的较长时期，面临

## 第二章 收入水平量化、经济体归类分组和样本经济体选择

"中高收入水平陷阱",而如果细分收入水平区间,前面所提到的三个跨越者,所跨越的也是"中高收入水平陷阱"。后续分析将指出,中国大部分省区已经或即将面临的问题就是突破"中高"收入区间的上限。因此,三个跨越者和上述四个 PIR 长期徘徊在 0 附近的典型未跨越者,将是本研究持续关注的重点比较对象。

### (四) PIR 历史最大值为大幅负值的典型未跨越者

图 2-5 选择样本经济体中 PIR 一直徘徊在显著负值之下的六个典型经济体进行 PIR 变动态势观察。

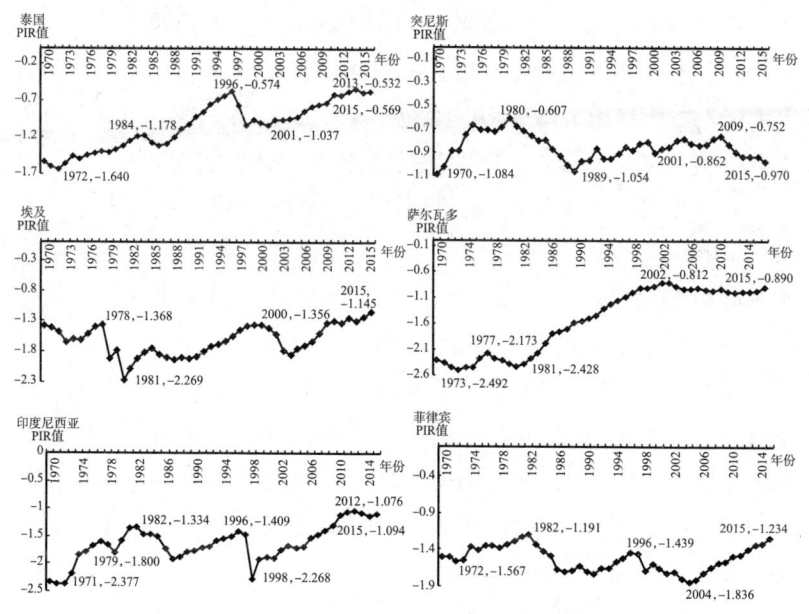

**图 2-5　1970~2015 年六个 PIR 长期徘徊显著负值之下的样本经济体收入水平率指标变动态势**

资料来源:基于联合国贸发会议数据库 (UNCTAD) 数据计算。

——泰国。1972~1991年,PIR从-1.640攀升至-0.926。此后,从1991年至2015年,泰国绝大部分年份PIR都处在[-1,-0.5)区间。因此,1991年泰国曾突破"中低收入陷阱",收入水平进入"中中"区间。1996年之后PIR连续多年下降显示,泰国跨越"中中收入陷阱",至少已有一次失败经历。2012年PIR历史峰值-0.532较第一次-0.574微微提高。2015年泰国PIR为-0.569。目前PIR接近"中高"收入水平的低限,近年泰国能否跨越"中中收入陷阱",仍有待观察。

——萨尔瓦多。1982~2002年,萨尔瓦多PIR从-2.428持续攀升至-0.812,连续跨越中低、中中的低限-2、-1。不过2002年后,其PIR开始微幅波动,2015年为-0.890。因此,2002年后至当前,该经济体一直面临跨越"中中收入陷阱"问题。

——突尼斯。1970年以来,PIR变动区间是(-1.084,-0.607),其PIR第二次历史峰值-0.752较第一次-0.607明显下降。突尼斯一直面临的问题都是跨越"中中收入陷阱"。

——埃及、印度尼西亚和菲律宾。自1985年以后,上述三经济体PIR一直在区间[-2,-1]内部振荡,即处在"中低收入水平陷阱"之中。

尽管目前中国仍有少数省区PIR处于[-1,-0.5)区间,但从近年中国各省区GDP增长态势来看,中国所有省区都不大可能落入"中中收入水平陷阱"。因此,后续研究中,面临"中中收入水平陷阱""中低收入水平陷阱"的样本经济体都不是本研究关注重点。不过,观察上述六个典型经济体,能增加我们关于工业型经济体PIR变动路径多样性的体验。

# 第三章

# 非特定禀赋经济体跨越中等收入陷阱的关键

## ——基于制造业和服务业产值高度指标时序互动视角的分析

随着非特定禀赋经济体收入水平提升,制造业和服务业会成为宏观收入的产业构成主体。本章先对照跨越者和非跨越者产业量比指标变动的历史趋势,再通过分析所有典型经济体制造业量比、服务业量比的互动关系,揭示制造业发展和深度工业化对非特定禀赋经济体跨越中等收入陷阱的关键性。[①]

### 一、制造业和服务业量比变动趋势在跨越者和未跨越者之间比较

上一章表2-2数据已揭示,2015年,非特定禀赋经济体的跨越者和未跨越者的制造业量比、服务业量比的差距明显,跨越者制造业量比和服务业量比,构成收入水平高度的主体部分。继续追问,跨越者和未跨越者之间,制造业量比、服务业量比何时拉开差距,差距拉开和中等收入陷阱跨越之间究竟有何种联系?

如图3-1所示,典型未跨越者马来西亚、墨西哥、土耳其的

---

[①] 本章主要内容已于2017年发表(徐强,2017),收入本书时更新了部分数据。

制造业量比始终未能持续高于 0.25，服务业量比始终未能持续高于 0.7，且上述两量比在上述高度之下反复波动。典型跨越者中国台湾地区、韩国相应量比值在 20 世纪 80 年代初期前后越过上述高度，且越过上述高度后持续攀升，攀升到较高高度后再波动或回调。2015 年，中国台湾地区、韩国的制造业量比分别达到 0.663、0.722，服务业量比分别达到 1.308、1.463。

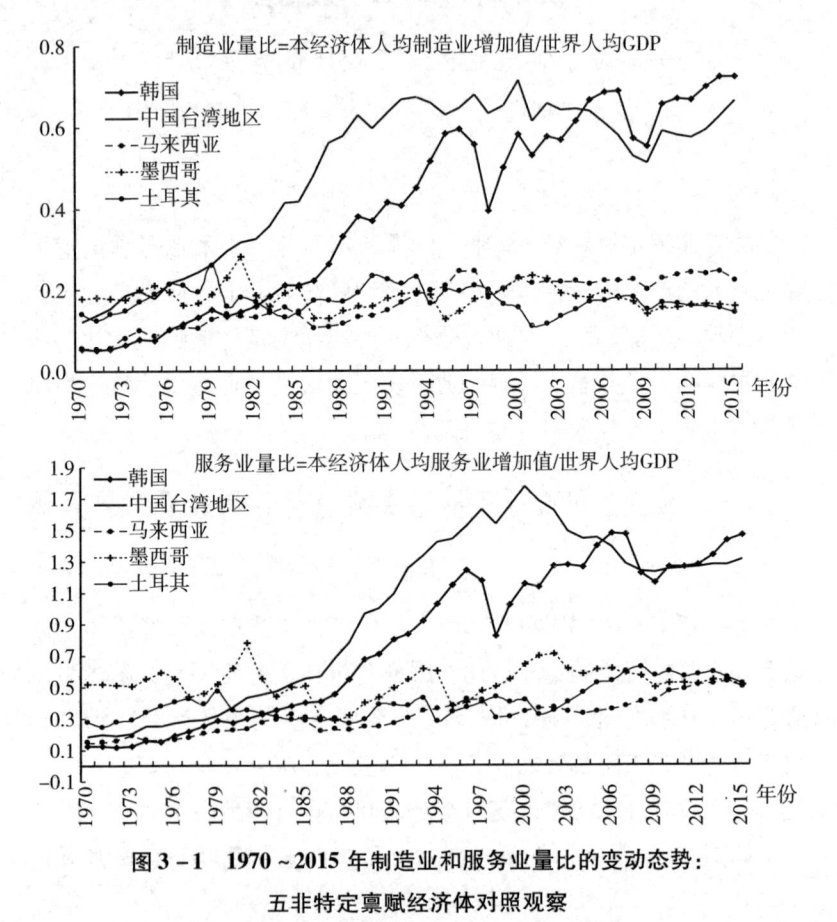

**图 3-1　1970~2015 年制造业和服务业量比的变动态势：五非特定禀赋经济体对照观察**

资料来源：基于联合国贸发会议数据库（UNCTAD）数据计算。

## 第三章 非特定禀赋经济体跨越中等收入陷阱的关键

收入水平率（PIR）指标的对数真数是各产业量比之和，因此，依照数学原理，某产业量比持续攀升，表明该产业人均增加值增速快于全球人均 GDP 增速，也意味着该产业对 R-income、PIR 提升正在做正贡献。反之则在做负贡献。在跨越者 PIR 越过 0 之后持续提升的跨越关键期，制造业量比、服务业量比持续攀升，说明制造业、服务业都正在持续对中等收入陷阱跨越做正贡献；而未跨越者，因产业素质等原因，制造业、服务业量比的增长会逆转，这种正贡献也不能持续，由此经济体 R-income、PIR 也会陷入持续振荡。

只是，上述趋势比较尚不能提示，在跨越者制造业量比和服务业量比都持续攀升过程中，二者究竟谁居主导，还是相互独立。以下我们试图通过数学建模解决这一问题。

## 二、跨越关键期产值总额中制造业和服务业占比变化

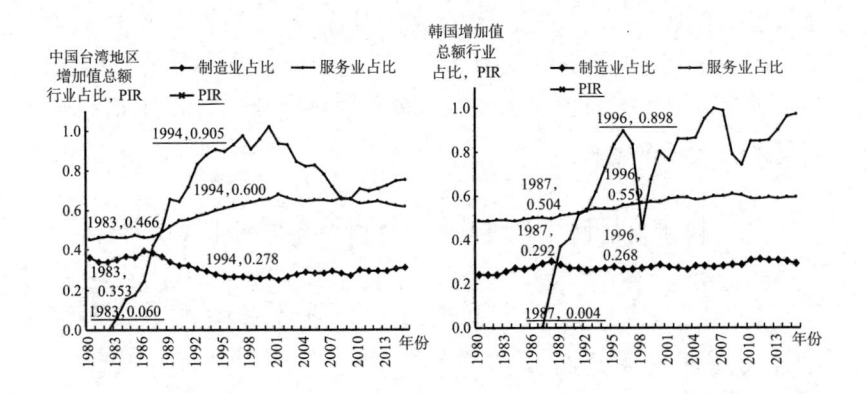

在三个典型跨越者的跨越关键期，制造业产业和服务业产业在 GDP 中占比（均按增加值口径计算）变动态势如图 3-2 所示。

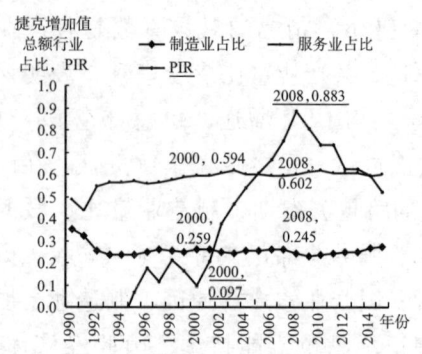

**图3-2　三个典型跨越者跨越关键期制造业和服务业在增加值总额中占比变化**

资料来源：基于联合国贸发会议数据库（UNCTAD）数据计算。

——中国台湾地区。在跨越关键期1983~1994年，制造业占比从0.353稍降至0.278，服务业占比从0.466升至0.600。

——韩国。在跨越关键期1987~1996年，制造业占比从0.292微降至0.268，服务业占比从0.504升至0.559。

——捷克。在跨越关键期2000~2008年，制造业占比从0.259微降至0.245，服务业占比从0.594微升至0.602。

如果仅从上述占比指标来看，三者跨越关键期服务业在GDP总量中都有所上升，而制造业占比则稍下降或大体持平，似乎应该说，在跨越关键期，服务业超出其他行业平均水平，对经济发展起到更重要作用。然而这只是问题表象，如果继续深入分析可发现，问题远没有那样简单。

### 三、跨越前后制造业和服务业之间的先导和主导关系辨识

**（一）工业化进程中制造业相比服务业的先导性和主导性的逻辑关系分析**

众多文献研究已揭示，从产业发展条件上，制造业发展需要

资本、技术和先期投资，在满足这些条件后，相比服务业，制造业可相对自主地发展。服务业发展在先期投资等方面的条件要求强度要低得多，但是，服务业大规模发展，需以相应制造业发展作为市场条件，其中生产性服务业发展直接要以相配套的工业部门作为市场基础，部分消费性服务业发展则要以工业化进程中的消费者收入水平不断提升作为市场基础；并且，从服务业供给侧条件看，部分服务业运营也需要制造业提供运营设备。按上述逻辑推想，在非特定禀赋经济体中等收入陷阱跨越的关键期，制造业发展和服务业发展会相互促进，但制造业发展更具先导性和主导性。从先导性上看，即先有制造业发展，然后才有服务业发展。从主导性上看，制造业对服务业的促进程度，要大于服务业对制造业的促进程度。因此，在中等收入陷阱跨越的历程中，经济体服务业占比提升，主要原因是制造业对服务业的促进力度在不断加大，而不是服务业自主发展相对规模越来越大。不过，制造业和服务业产值上升都应视作为工业化成果的有机组成部分，是工业化总体绩效的体现。

（二）年度变动量的观测和建模：制造业变动具有先导性

**1. 图形观测**

图 3-3 对照显示各典型经济体服务业年度增量 $\Delta R\text{-ser}$ 和制造业量比年度增量 $\Delta R\text{-manu}$。

从跨年变动方向上看，1970~2014 年大部分年份 $\Delta R\text{-manu}$ 和 $\Delta R\text{-ser}$ 变动方向相一致。再以变动方向一致为标准，将图形和数据观测结合来，仔细辨识，可发现在某些年份上，$\Delta R\text{-manu}$ 领先 1 年带动 $\Delta R\text{-ser}$ 变动，但很少看到后者带动前者变动。

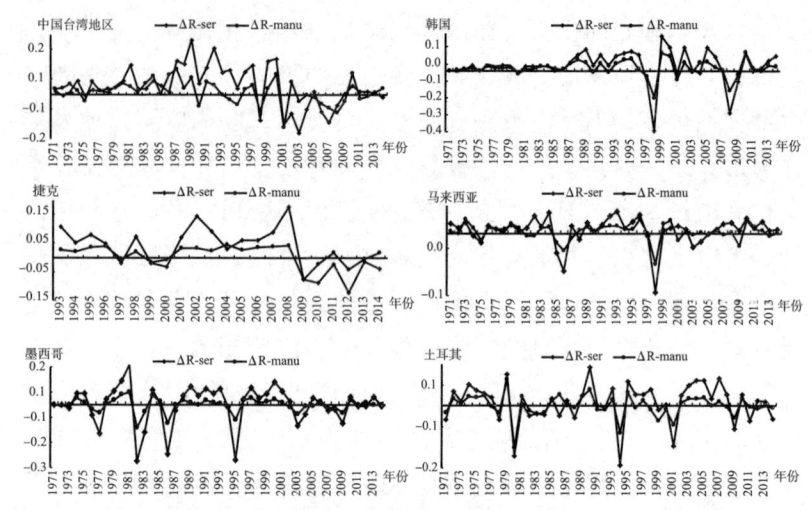

**图 3-3　典型非特定禀赋经济体服务业和制造业量比年度增量变动趋势对照**

资料来源：基于联合国贸发会议数据库（UNCTAD）数据计算。

（1）跨越者中国台湾地区。在 1971~1972 年、1973~1974 年、1977~1978 年、1980~1981 年、1982~1983 年、1985~1986 年、1991~1992 年、1993~1994 年共 8 个跨年期，ΔR-manu 领先一年带动 ΔR-ser 在下一两年期变动。

（2）跨越者韩国。在 1971~1972 年、1982~1983 年、1985~1986 年、1988~1989 年、2003~2004 年共 5 个相邻跨年期，ΔR-manu 领先一年带动 ΔR-ser 在下一个两年期变动。

（3）跨越者捷克（观测期仅包括 1993~2014 年）。在 1999~2000 年、2001~2002 年、2003~2004 年、2009~2010 年共 4 个跨年期，ΔR-manu 领先一年带动 ΔR-ser 在下一两年期变动。

（4）未跨越者马来西亚。在 1982~1983 年、1987~1988 年、1992~1993 年、2000~2001 年、2011~2012 年共 5 个相邻跨年期，ΔR-manu 领先一年带动 ΔR-ser 在下一个两年期变动。

(5) 未跨越者墨西哥。在 1972~1973 年、1988~1989 年、1992~1993 年、2012~2013 年共 4 个相邻跨年期，$\Delta$R-manu 领先一年带动 $\Delta$R-ser 在下一个两年期变动。

(6) 未跨越者土耳其。在 1982~1983 年、1983~1984 年、1985~1986 年、1986~1987 年、1996~1997 年、1997~1998 年、2003~2004 年、2011~2012 年共 9 个相邻跨年期，$\Delta$R-manu 领先一年带动 $\Delta$R-ser 在下一个两年期变动。

**2. 回归模型**

对各典型非特定禀赋经济体，以第 t 年 $\Delta$R-ser$_t$ 为应变量，以 3 年的 $\Delta$R-manu$_{t-i}$（i=0，1，2）为自变量建立如式（3-1）所示回归方程。各方程回归系数和统计检验参数列入表 3-1。

$$\Delta R\text{-ser}_t = b_1 \Delta R\text{-manu}_t + b_2 \Delta R\text{-manu}_{t-1} + b_3 \Delta R\text{-manu}_{t-2} + b_0$$

$$(3-1)$$

表 3-1 显示，各 $\Delta$R-manu$_{t-i}$（i=0，1，2）弹性系数为正，并基本通过统计显著性检验，表明通常前 2 年和本年制造业量比变动都以正弹性影响当年服务业量比变动。另外，所有方程回归系数 $b_1 > 1$，表明由即使是当年单年，制造业发展促进带来的服务业产值增量，也要大于制造业产值自身增量。

**（三）量比指标自相关分布滞后模型分析：制造业对服务业影响的弹性系数更大**

**1. 模型形式和样本组构**

拟分别按方程（3-2）、（3-3）模式建立两个量比指标互相解释的自相关分布滞后模型。按式（3-2）回归的目的在于获取 R-manu$_t$、$\Delta$R-manu$_t$ 解释 R-ser$_t$ 的弹性系数，按式（3-3）回归的目的在于获取 R-ser$_t$、$\Delta$R-ser$_t$ 解释 R-manu$_t$ 的弹性系数。其中，

表 3–1　典型经济体 $\Delta R\text{-}ser_t = b_1 \Delta R\text{-}manu_t + b_2 \Delta R\text{-}manu_{t-1} + b_3 \Delta R\text{-}manu_{t-2} + b_0$ 回归结果

| 经济体（样本期） | $R^2_{adj}$ | P(F) | $b_1$ ($P(t_{b1})$) | $b_2$ ($P(t_{b2})$) | $b_3$ ($P(t_{b3})$) | $b_0$ ($P(t_{b0})$) | P ($F_{BG-LM}$) | n, AR(n) ($P(t_{AR})$) | 编号 |
|---|---|---|---|---|---|---|---|---|---|
| 中国台湾地区（1972~2014年） | 0.389 | 0 | 1.028 (0) | 0.366 (0.08) | 0.241 (0.258) | 0.009 (0.31) | 0.01 | — | (R3-1) |
| 中国台湾地区（1972~2014年） | 0.526 | 0 | 1.091 (0) | 0.350 (0.118) | 0.141 (0.47) | 0.011 (0.466) | 0.96 | 1, 0.486 (0.002) | (R3-2) |
| 韩国（1972~2014年） | 0.882 | 0 | 1.9 (0) | 0.201 (0.06) | 0.346 (0.003) | -0.008 (0.21) | 0.42 | — | (R3-3) |
| 捷克（1995~2014年） | 0.718 | 0 | 1.834 (0) | 0.620 (0.068) | 0.452 (0.163) | -0.008 (0.352) | 0.364 | — | (R3-4) |
| 马来西亚（1972~2014年） | 0.607 | 0 | 1.426 (0) | — | 0.221 (0.163) | 0 (0.942) | 0.688 | — | (R3-5) |
| 墨西哥（1972~2014年） | 0.929 | 0 | 2.788 (0) | 0.426 (0.001) | 0.242 (0.074) | 0.002 (0.560) | 0.986 | — | (R3-6) |
| 土耳其（1972~2014年） | 0.727 | 0 | 1.554 (0) | 0.215 (0.154) | — | 0.006 (0.111) | 0.826 | — | (R3-7) |

注：为保证回归系数稳健性，对所有回归方程，进行 BG-LM 残差序列自相关检验（检验时滞设定为 2），对不能拒绝存在序列自相关假设的方程，在原回归方程基础上加入 AR 变量消除序列自相关［方程(R3-2)即为(R3-1)加入 AR(1)变量后的校正方程，该方程消除自相关后，回归方程系数统计显著性受一定影响］。

资料来源：基于联合国贸发会议（UNCTAD）数据和回归模型参数。

t-i（i≥2）期前期变量为备选变量，仅在未有它们仍存在系列自相关（未通过 BG-LM 系列自相关检验）时，选择性加入。

$$\text{R-ser}_t = a_1 \text{R-ser}_{t-1} + a_2 \text{R-ser}_{t-i}(i \geq 2)$$
$$+ b_1 \text{R-manu}_t + b_2 \text{R-manu}_{t-1} + c \quad (3-2)$$
$$\text{R-manu}_t = a_1 \text{R-manu}_{t-1} + a_2 \text{R-manu}_{t-i}(i \geq 2)$$
$$+ b_1 \text{R-ser}_t + b_2 \text{R-ser}_{t-1} + c \quad (3-3)$$

由于各经济体 R-manu$_t$、R-ser$_t$ 都有一定历史时期处在增长态势，因而它们都是非平稳时间序列，因此，所有方程均对残差序列进行单位根检验，以 P($t_{resid}$) 显示"假定残差存在单位根"的概率，检验表明所有自相关分布滞后回归方程的残差均以高统计显著性通过不存在单位根检验。另外，尽管各回归方程已设置 1~2 个应变量的 t-i 前期变量作为自变量，为全面保证回归系数稳健性，仍对各残差序列进行滞后阶数为 2 的 BG-LM 系列自相关检验，P($F_{BG-LM}$) 为"不存在系列自相关"的概率，取其限度值为 0.05。对个别 P($F_{BG-LM}$) < 0.05 的回归方程［见表 3-3 的（R3-23）］，试验加入 AR 变量消除系列自相关，见表 3-3 注①的说明。

关于各经济体的样本年份组构，对于跨越者韩国、中国台湾地区，为对照观察持续赶超和后续阶段的计量参数差异，由 1970 年至 PIR 最大年份组成一样本，再由 1985~2014 年组成 30 年期样本。跨越者捷克只能组构 1993~2014 年一期样本。其他未跨越者，则分别组构 1970~1999 年、1985~2014 年两期样本。

**2. 回归参数和统计检验参数**

表 3-2 显示按式（3-2）回归，在各经济体两时期样本上获得的回归参数和统计检验参数，表 3-3 显示按式（3-3）回归，在各经济体两时期样本上获得的回归参数和统计检验参数。

表 3-2 典型经济体 $R\text{-}ser_t = a_1 R\text{-}ser_{t-1} + a_2 R\text{-}ser_{t-i}(i \geq 2) + b_1 R\text{-}manu_t + b_2 R\text{-}manu_{t-1} + c$ 回归结果

| 经济体（样本期） | $R^2_{adj}$ | P(F) | $a_1$ (P(t)) | $a_2(i)$ (P(t)) | $b_1$ (P(t)) | $b_2$ (P(t)) | c (P(t)) | P ($F_{BG-LM}$) | P ($t_{resid}$) | 编号 |
|---|---|---|---|---|---|---|---|---|---|---|
| 中国台湾地区 (1971~1997年) | 0.995 | 0 | 0.958 (0) | — | 0.632 (0.013) | -0.387 (0.162) | -0.046 (0.018) | 0.893 | 0 | (R3-8) |
| 中国台湾地区 (1985~2014年) | 0.974 | 0 | 0.868 (0) | — | 1.142 (0) | -0.557 (0.036) | -0.197 (0.023) | 0.198 | 0.011 | (R3-9) |
| 韩国 (1971~1996年) | 0.998 | 0 | 0.839 (0) | — | 1.053 (0) | -0.611 (0.007) | -0.009 (0.077) | 0.652 | 0.002 | (R3-10) |
| 韩国 (1985~2014年) | 0.985 | 0 | 0.691 (0) | — | 1.770 (0) | -1.097 (0.001) | -0.021 (0.486) | 0.365 | 0.003 | (R3-11) |
| 捷克 (1993~2014年) | 0.984 | 0 | 0.509 (0) | -0.17 (2) (0.084) | 1.631 (0) | — | -0.011 (0.684) | 0.650 | 0.024 | (R3-12) |
| 马来西亚 (1971~1999年) | 0.954 | 0 | 0.724 (0) | — | 1.612 (0) | -1.149 (0.001) | 0.015 (0.250) | 0.670 | 0.002 | (R3-13) |
| 马来西亚 (1985~2014年) | 0.922 | 0 | 0.863 (0) | — | 1.486 (0) | -1.231 (0) | 0.003 (0.894) | 0.356 | 0.002 | (R3-14) |
| 墨西哥 (1971~1999年) | 0.958 | 0 | 0.919 (0) | -0.138 (2) (0.03) | 2.757 (0) | -2.082 (0) | -0.015 (0.697) | 0.505 | 0.001 | (R3-15) |

续表

## 第三章 非特定禀赋经济体跨越中等收入陷阱的关键

| 经济体<br>(样本期) | $R^2_{adj}$ | P<br>(F) | $a_1$<br>(P(t)) | $a_2(i)$<br>(P(t)) | $b_1$<br>(P(t)) | $b_2$<br>(P(t)) | c<br>(P(t)) | P<br>($F_{BG-LM}$) | P<br>($t_{resid}$) | 编号 |
|---|---|---|---|---|---|---|---|---|---|---|
| 墨西哥<br>(1985~2014年) | 0.949 | 0 | 0.896<br>(0) | — | 2.981<br>(0) | -2.222<br>(0) | -0.075<br>(0.024) | 0.954 | 0 | (R3-16) |
| 土耳其<br>(1971~1999年) | 0.822 | 0 | 0.880<br>(0) | — | 1.436<br>(0) | -1.060<br>(0.002) | -0.023<br>(0.502) | 0.778 | 0.002 | (R3-17) |
| 土耳其<br>(1985~2014年) | 0.942 | 0 | 1.029<br>(0) | — | 1.931<br>(0) | -1.735<br>(0) | -0.038<br>(0.363) | 0.443 | 0.005 | (R3-18) |

资料来源:基于联合国贸发会议数据库(UNCTAD)数据和回归模型参数。

表3-3 典型经济体 $R\text{-manu}_t = a_1 R\text{-manu}_{t-1} + a_2 R\text{-manu}_{t-i}(i \geqslant 2) + b_1 R\text{-ser}_t + b_2 R\text{-ser}_{t-1} + c$ 回归结果

| 经济体（样本期） | $R^2_{adj}$ | P(F) | $a_1$ (P(t)) | $a_2(i)$ (P(t)) | $b_1$ (P(t)) | $b_2$ (P(t)) | c (P(t)) | P($F_{BG-LM}$) | P($t_{resid}$) | 编号 |
|---|---|---|---|---|---|---|---|---|---|---|
| 中国台湾地区（1971~1997年） | 0.986 | 0 | 0.977 (0) | — | 0.383 (0.013) | -0.412 (0.005) | -0.030 (0.048) | 0.912 | 0.002 | (R3-19) |
| 中国台湾地区（1985~2014年） | 0.840 | 0 | 0.692 (0) | — | 0.418 (0) | -0.384 (0) | 0.151 (0.003) | 0.198 | 0 | (R3-20) |
| 韩国（1971~1996年） | 0.996 | 0 | 0.685 (0) | — | 0.734 (0) | -0.612 (0.007) | -0.008 (0.057) | 0.688 | 0.009 | (R3-21) |
| 韩国（1985~2014年） | 0.980 | 0 | 0.671 (0) | — | 0.491 (0) | -0.346 (0) | -0.019 (0.226) | 0.388 | 0.002 | (R3-22) |
| 捷克（1993~2014年） | 0.972 | 0 | 0.353 (0.12) | — | 0.386 (0) | -0.135 (0.099) | 0.016 (0.285) | 0.022① | 0.011 | (R3-23) |
| 马来西亚（1971~1999年） | 0.954 | 0 | 0.716 (0) | — | 0.472 (0) | -0.322 (0.002) | -0.003 (0.684) | 0.673 | 0.001 | (R3-24) |
| 马来西亚（1985~2014年） | 0.931 | 0 | 0.850 (0) | — | 0.467 (0) | -0.399 (0) | 0.004 (0.717) | 0.784 | 0 | (R3-25) |
| 墨西哥（1971~1999年） | 0.954 | 0 | 0.683 (0) | 0.126 (3) (0.012) | 0.333 (0) | -0.266 (0) | -0.002 (0.876) | 0.376 | 0.004 | (R3-26) |

续表

| 经济体<br>(样本期) | $R^2_{adj}$ | P<br>(F) | $a_1$<br>(P(t)) | $a_2(i)$<br>(P(t)) | $b_1$<br>(P(t)) | $b_2$<br>(P(t)) | c<br>(P(t)) | P<br>($F_{BG-LM}$) | P<br>($t_{resid}$) | 编号 |
|---|---|---|---|---|---|---|---|---|---|---|
| 墨西哥<br>(1985~2014年) | 0.925 | 0 | 0.750<br>(0) | — | 0.297<br>(0) | -0.271<br>(0) | -0.029<br>(0.004) | 0.742 | 0 | (R3-27) |
| 土耳其<br>(1971~1999年) | 0.790 | 0 | 0.762<br>(0) | — | 0.504<br>(0) | -0.498<br>(0) | -0.040<br>(0.043) | 0.971 | 0.001 | (R3-28) |
| 土耳其<br>(1985~2014年) | 0.848 | 0 | 0.835<br>(0) | — | 0.342<br>(0) | -0.373<br>(0) | 0.039<br>(0.021) | 0.120 | 0.006 | (R3-29) |

注：①该检验值表明存在序列自相关，方程校正为 R-manu$_t$ = 0.354R-ser$_t$ - 0.117R-ser$_{t-1}$ + 0.210 + [AR(1) = 0.9]，其 P($F_{BG-LM}$) = 0.47。

资料来源：基于联合国贸发会议数据库（UNCTAD）数据和回归模型参数。

### 3. 回归系数的比较和总结

按方程模型（3-6）、（3-7）中变量记号，如回归方程（R3-8）~（R3-29）显示，所有方程 $b_1$、$b_2$ 均呈现 $b_1$ 为正，$b_2$ 为负，大部分方程 $|b_1|>|b_2|$。为便按正弹性模式分析，将计量结果继续变换。

$$b_1 R\text{-manu}_t + b_2 R\text{-manu}_{t-1} = (b_1+b_2)R\text{-manu}_t - b_2 R\text{-manu}_t$$
$$- b_2 R\text{-manu}_{t-1} = (b_1+b_2)R\text{-manu}_t$$
$$+ |b_2|\Delta R\text{-manu}_t \qquad (3-4)$$

$$b_1 R\text{-ser}_t + b_2 R\text{-ser}_{t-1} = (b_1+b_2)R\text{-ser}_t + |b_2|\Delta R\text{-ser}_t \quad (3-5)$$

以上（$b_1+b_2$）为自变量自身的解释弹性，$|b_2|$ 为自变量一阶差分量的解释弹性。表3-4 按照式（3-4）、（3-5）方式，就所有相关经济体自相关分布滞后模型的影响弹性系数开展对照分析。

表3-4　　量比指标 R-manu 和 R-ser 自相关分布
滞后模型弹性系数的对照分析

| 经济体 | 时期 | 解释 R-ser$_t$ R-manu$_t$ (1) | 解释 R-ser$_t$ $\Delta$R-manu$_t$[①] (2) | 解释 R-manu$_t$ R-ser$_t$ (3) | 解释 R-manu$_t$ $\Delta$R-ser$_t$[①] (4) |
|---|---|---|---|---|---|
| 中国台湾地区 | 1971~1997 年 | 0.245 | 0.387 | -0.029 | 0.412 |
| 中国台湾地区 | 1985~2014 年 | 0.585 | 0.557 | 0.034 | 0.384 |
| 韩国 | 1971~1996 年 | 0.442 | 0.611 | 0.122 | 0.612 |
| 韩国 | 1985~2014 年 | 0.673 | 1.097 | 0.145 | 0.346 |
| 捷克 | 1993~2014 年 | 1.631 | — | 0.237 | 0.117 |
| 马来西亚 | 1971~1999 年 | 0.463 | 1.149 | 0.15 | 0.322 |
| 马来西亚 | 1985~2014 年 | 0.255 | 1.231 | 0.068 | 0.399 |

# 第三章 非特定禀赋经济体跨越中等收入陷阱的关键

续表

| 经济体 | 时期 | 解释 R-ser$_t$ |  | 解释 R-manu$_t$ |  |
|---|---|---|---|---|---|
|  |  | R-manu$_t$ | ΔR-manu$_t$① | R-ser$_t$ | ΔR-ser$_t$① |
|  |  | (1) | (2) | (3) | (4) |
| 墨西哥 | 1972~1999 年 | 0.675 | 2.082 | 0.067 | 0.266 |
| 墨西哥 | 1985~2014 年 | 0.759 | 2.222 | 0.026 | 0.271 |
| 土耳其 | 1971~1999 年 | 0.376 | 1.06 | 0.006 | 0.498 |
| 土耳其 | 1985~2014 年 | 0.196 | 1.735 | -0.031 | 0.373 |

注：①ΔR-manu$_t$ = R-manu$_t$ - R-manu$_{t-1}$；ΔR-ser$_t$ = R-ser$_t$ - R-ser$_{t-1}$。
资料来源：基于表3-2、表3-3中数据计算。

从中可做如下总结。

（1）在同一时期，所有 R-manu$_t$ 解释 R-ser$_t$ 的弹性系数远大于 R-ser$_t$ 解释 R-manu$_t$ 的弹性系数，绝大部分 ΔR-manu$_t$ 解释 R-ser$_t$ 的弹性系数大于 ΔR-ser$_t$ 解释 R-manu$_t$ 的弹性系数。

将表3-4中标示为（1）栏的数据与（3）栏数据对比，（2）栏数据与（4）栏数据对比，上述结论一目了然。由此看到，在非特定禀赋经济体跨越中等收入陷阱前后，制造业量比对服务业量比的影响程度，远大于同期服务业量比对制造业量比的影响程度。

（2）中等收入陷阱跨越者后期同一影响弹性系数倾向于随时间明显增大，未跨越者倾向于缩小或稳定。

关于 R-manu$_t$ 解释 R-ser$_t$ 的弹性系数，跨越者中国台湾地区在约15年后的样本期从0.245增大至0.585，韩国从0.442增大至0.673；而未跨越者马来西亚则从0.463减少至0.255，土耳其从0.376减少至0.196，墨西哥稍例外，从0.675微升至0.759。

关于 R-ser$_t$ 解释 R-manu$_t$ 的弹性系数，跨越者中国台湾地区从-0.029增大至0.035，韩国从0.122增大至0.144；未跨越者马来西亚从0.15降至0.068，墨西哥从0.067降至0.026，土耳其从

43

0.006 降至 -0.031。

上述计量结果表明，随着跨越者收入水平提升，制造业和服务业之间的联系越来越紧密，二者相互促进程度，特别是制造业对服务业的促进程度会大大提升，而未跨越者则主要因为制造业不能迈上新层次，制造业和服务业之间的相互促进一般趋向弱化或停滞。

## 四、本章总结

非特定禀赋经济体跨越中等收入陷阱的过程中，制造业量比 R-manu 和服务业量比 R-ser 都会持续攀升至高水平，并对收入量比、收入水平率持续攀升到高位做出贡献。对照地看，未跨越者制造业量比始终未能持续高于 0.25，服务业量比始终未能持续高于 0.7，且在上述高度之下反复波动。

典型跨越者关经历跨越关键期后，服务业在 GDP 总量中都有所上升，而制造业占比则稍下降或大体与跨越前持平。

在制造业量比、服务业量比的一阶变动量之间建立回归方程发现，前 2 年和本年的制造业量比变动量 $\Delta R\text{-manu}_{t-i}$（$i = 0 \sim 2$）能以正弹性解释本年服务业量比变动量 $\Delta R\text{-ser}_t$，表明制造业量比指标变动的先导性，并且当年的 $\Delta R\text{-manu}_t$ 影响的弹性系数大于 1，各项弹性系数都为正，表明制造业发展促进带来的服务业产值增量，要大于制造业产值自身增量。

在 R-manu 和 R-ser 之间建立自回归分布滞后模型发现，$R\text{-manu}_t$ 对 $R\text{-ser}_t$ 的影响弹性系数要比后者影响前者的弹性系数大得多，跨越者弹性系数随时间趋向增大，表明在二者影响过程中制造业量比指标的主导性，也表明跨越者服务业在 GDP 中占比上升，主要来自制造业的促进效应。相比未跨越者，随着时间推进，收入水平持续上升的跨越者的制造业和服务业之间的互促联系会更加

## 第三章 非特定禀赋经济体跨越中等收入陷阱的关键

紧密。

制造业的先导性和主导性表明,制造业发展和深度工业化才是中等收入陷阱跨越的关键环节。同时需要强调,从为中等收入陷阱跨越提供产业增长点的角度看,制造业和服务业都很重要,制造业和服务业产值相对高度提高,都是工业化绩效的体现。

# 第四章

# 关于出口总量结构和创新活跃度的初步比较

上一章的比较对象是制造业、服务业量比指标，属于工业化总体绩效量化指标。从本章开始，拟选择若干工业化侧面特征，设计量化指标，开展趋势观测，并建立数学模型，以揭示这些侧面特征和工业化总绩效以及中等收入陷阱跨越之间的联系。这些工业化侧面特征包括出口（本研究出口均指货物出口）总量、出口产业结构、技术创新活跃程度。本章主要工作是基础指标设计和指标趋势的观察比较。选定和设计指标的基本原则是量化工业化特征的相对关键方面、数据具有可行性、国别基础数据具有可比性。

一、出口总量规模的比较：跨越者出口规模比较指数值攀升到高水平

（一）出口规模比较需要解决的问题

经济体出口规模不具备直接可比性，因为经济体大小会影响货物出口规模。经济体大小的最直接量度是人口数量，因此接下来研究者可能考虑计算人均出口规模。不过，进一步思考则不难发现，

## 第四章 关于出口总量结构和创新活跃度的初步比较

人均出口规模并不像人均 GDP、人均资源拥有量等人均指标那样具备可比性。因为,在同样其他条件下,外贸规模并不随着经济体人口规模上升而等比例上升,而是上升程度递减。

记出口额为 EV。视经济体地理形状为一几何体,假定人口在几何体中均匀分布。先极端假定是只有邻近人口之间才有贸易机会,则内部人口只有内贸机会,沿边人口才有外贸机会,经济体外贸规模和几何体周长等比例变动,周长量纲是几何体面积的 0.5 次方,面积和人口总量(记为 $N_p$)等量纲,此时可比人均出口额为 $EV/(N_p)^{0.5}$。现实情况是,非沿边人口也有外贸机会,不过因为距离等原因,外贸成本较沿边人口更高。另一个极端是假定非沿边、沿边人口外贸成本相同,则可比人均出口额公式是 $EV/N_p$。处在上述两极端之间,比较符合现实的可比人均出口额为 $EV/(N_p)^m$,即

$$可比人均出口额(CPEV) = \frac{EV}{N_p^m} (0.5 > m > 1,m 待定) \quad (4-1)$$

需要指出,以上推算建立在所有比较对象几何体形态一致,其他条件比如人口分布状态、经济发展水平相同的基础上。如不符合上述条件,上述幂值 m 也可能落在 (0.5,1) 区间之外。

现在问题是确定式(4-1)中的 m。设想所有参加比较的经济体组成比较样本。参看式(4-1),如果所有样本 $\frac{EV}{N_p^m}$ 的某种平均数为常数,样本的 $\frac{EV}{N_p^m}$ 就能以该平均数为参照开展比较。$\frac{EV}{N_p^m}$ 对数形式为 $\ln(EV) - m\ln(N_p)$,其为常数的数学表达式为 $\ln(EV) - m\ln(N_p) = b$,这就提示我们按式(4-2)对样本进行回归。

$$\ln(EV) = b_1 \ln(N_p) + b_0 \quad (4-2)$$

如回归结果通过显著性检验,则(4-2)就是 EV 和 $N_p$ 两变量关系的平均形态,而 $b_1$ 就是式(4-1)中待定的 m,常数 $b_0$ 就是所

有样本个体 $\ln(EV) - b_1\ln(P)$ 的平均值，而所有个体 $\dfrac{EV}{N_p^{b_1}}$ 的几何平均数为常数 $\exp(b_0)$。

## （二）比较指标设计和计算

（1）比较指标设计。如式（4-1）所示。

（2）通过截面回归获取指标计算参数。在实际操作上，取第一章所选定截面样本经济体的全部本地出口额（记为 DEV，本地出口额由全部出口额减去转口出口额获得）作为样本出口额。本地出口额以百万美元为单位，人口（记为 $N_p$）以百万人为单位，均取对数。以各年为时间截面，建立回归方程

$$\ln(DEV) = b_1\ln(N_p) + b_0 \qquad (4-3)$$

各年截面回归结果进行怀特异方差性检验（heteroskedasticity test），设定如 $P(F_{wh}) < 0.1$，则认为异方差程度比较大，对回归方程以 $1/abs(resid)$ 为权重进行加权回归校正。各年份截面回归方程都以较高统计显著性通过显著性检验。典型年份，如 2010 年截面回归方程如（R4-1）显示。

$$\ln(DEV) = 0.602\ln(N_p) + 4.890 \qquad (R4-1)$$
$$(T, P(T))\quad (4.51, 0)\quad (9.71, 0)$$
$$R_{adj}^2 = 0.343;\ P(F) = 0;\ P(F_{wh}) = 0.603;\ n = 41$$

如表 4-1 所示，基于（4-3）回归后获得的各年截面回归系数 $b_1$。

（3）计算各年各样本经济体可比人均出口额（CPCDEV）。计算公式如式（4-5）所示。如式（4-4）所示，$(N_p)^{b_1}$ 在概念上已经被定义为"出口比较人口（PQEC, population quantity for export comparison）"，仍以原来人口数量 $N_p$ 的单位用作单位。

## 第四章 关于出口总量结构和创新活跃度的初步比较

**表 4-1  基于 $\ln(DEV) = b_1\ln(P) + b_0$ 回归后获得的各年回归系数 $b_1$**

| 年份 | $b_1$ | 年份 | $b_1$ | 年份 | $b_1$ | 年份 | $b_1$ | 年份 | $b_1$ | 年份 | $b_1$ | 年份 | $b_1$ | 年份 | $b_1$ |
|---|---|---|---|---|---|---|---|---|---|---|---|---|---|---|---|
| 1980 | 0.536 | 1986 | 0.511 | 1992 | 0.555 | 1998 | 0.534 | 2004 | 0.530 | 2010 | 0.602 |
| 1981 | 0.567 | 1987 | 0.520 | 1993 | 0.561 | 1999 | 0.517 | 2005 | 0.547 | 2011 | 0.612 |
| 1982 | 0.569 | 1988 | 0.531 | 1994 | 0.560 | 2000 | 0.536 | 2006 | 0.568 | 2012 | 0.612 |
| 1983 | 0.571 | 1989 | 0.544 | 1995 | 0.544 | 2001 | 0.517 | 2007 | 0.562 | 2013 | 0.612 |
| 1984 | 0.557 | 1990 | 0.536 | 1996 | 0.548 | 2002 | 0.517 | 2008 | 0.566 | 2014 | 0.606 |
| 1985 | 0.543 | 1991 | 0.553 | 1997 | 0.546 | 2003 | 0.521 | 2009 | 0.574 | 2015 | 0.601 |

资料来源：基于联合国贸发会议数据库（UNCTAD）数据和回归模型参数。

$$PQEC = (N_p)^{b_1} \qquad (4-4)$$

$$CPCDEV = \frac{DEV}{PQEC} = \frac{DEV}{N_p^{b_1}} \qquad (4-5)$$

（4）计算各年所有样本经济体可比人均出口额（$CPCDEV_i$）的几何平均数 GMCPCTE。计算式如式（4-5）所示。

$$GMCPCDE = (\prod_n CPCDEV_i)^{\frac{1}{n}} \qquad (4-6)$$

表 4-2 为基于截面回归后计算得到的各年样本经济体可比人均出口额的几何平均数。从表中看到，作为有量纲的指标，该指标数值总体趋向增大，但同时受到全球国际贸易景气程度的影响。

**表 4-2  基于截面回归后计算得到的各年样本经济体可比人均出口额的几何平均数（美元/人）**

| 年份 | 数值 | 年份 | 数值 | 年份 | 数值 | 年份 | 数值 | 年份 | 数值 | 年份 | 数值 |
|---|---|---|---|---|---|---|---|---|---|---|---|
| 1980 | 2124 | 1986 | 2531 | 1992 | 3794 | 1998 | 9080 | 2004 | 10743 | 2010 | 13300 |
| 1981 | 1907 | 1987 | 2820 | 1993 | 3774 | 1999 | 7041 | 2005 | 11417 | 2011 | 15026 |
| 1982 | 1792 | 1988 | 3107 | 1994 | 4344 | 2000 | 7283 | 2006 | 11875 | 2012 | 14734 |
| 1983 | 1811 | 1989 | 3143 | 1995 | 5533 | 2001 | 7689 | 2007 | 14204 | 2013 | 15128 |
| 1984 | 2066 | 1990 | 3582 | 1996 | 5654 | 2002 | 8104 | 2008 | 16101 | 2014 | 15481 |
| 1985 | 2087 | 1991 | 3493 | 1997 | 6101 | 2003 | 9255 | 2009 | 12410 | 2015 | 13950 |

资料来源：基于联合国贸发会议数据库（UNCTAD）数据和回归模型参数。

（5）计算各年所有样本经济体出口规模比较指数值（CDEI$_i$）。计算式如式（4-7）所示。

$$CDEI_i = \frac{CPCDEV_i}{GMCPCDE} \quad (4-7)$$

（三）关于典型经济体出口规模比较指数值（CDEI）的比较和观察

图4-1显示了1980~2015年典型经济体出口规模比较指数值（CDEI$_i$）变动态势。表4-3显示了典型经济体典型年份的CDEI值。

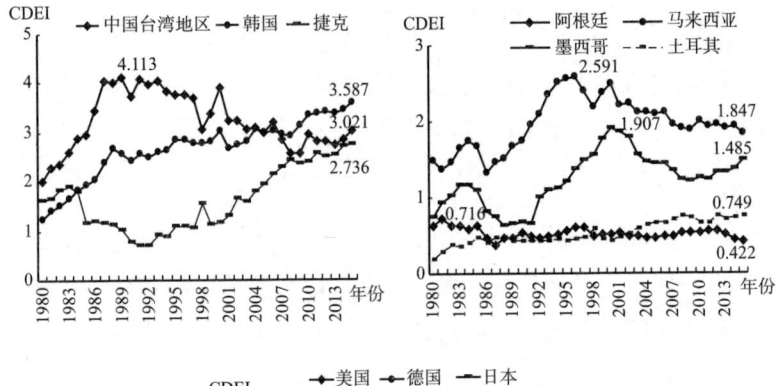

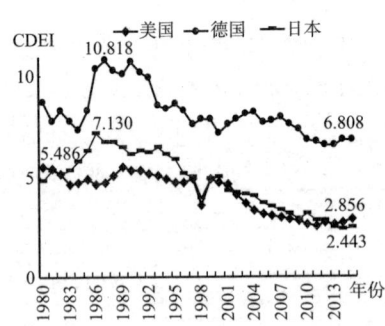

**图4-1 1980~2015年典型经济体出口规模比较指数值变动态势**

资料来源：基于联合国贸发会议数据库（UNCTAD）数据和回归模型参数。

## 第四章 关于出口总量结构和创新活跃度的初步比较

表4-3　　典型经济体典型年份出口规模比较指数值

| 年份 | | 1980 | 1985 | 1990 | 1995 | 2000 | 2005 | 2010 | 2015 |
|---|---|---|---|---|---|---|---|---|---|
| 发达经济体 | 德国 | 8.74 | 8.31 | 10.70 | 8.65 | 7.12 | 7.72 | 6.81 | 6.81 |
| | 美国 | 5.49 | 4.86 | 5.35 | 4.71 | 4.71 | 3.11 | 2.65 | 2.86 |
| | 日本 | 4.78 | 6.28 | 6.10 | 5.81 | 4.93 | 3.68 | 3.13 | 2.44 |
| | 葡萄牙 | 0.64 | 0.78 | 1.34 | 1.20 | 0.96 | 0.94 | 0.90 | 0.97 |
| | 希腊 | 0.72 | 0.63 | 0.65 | 0.55 | 0.41 | 0.41 | 0.49 | 0.48 |
| 发展中经济体 | 跨越者 韩国 | 1.22 | 1.95 | 2.42 | 2.87 | 3.03 | 3.01 | 3.36 | 3.59 |
| | 中国台湾 | 2.00 | 2.97 | 3.72 | 3.77 | 3.89 | 3.01 | 2.95 | 3.02 |
| | 捷克 | 1.63 | 1.16 | 0.76 | 1.10 | 1.15 | 1.92 | 2.41 | 2.74 |
| | 未跨越者 马来西亚 | 1.49 | 1.68 | 1.74 | 2.57 | 2.49 | 2.10 | 2.00 | 1.85 |
| | 墨西哥 | 0.75 | 1.10 | 0.68 | 1.21 | 1.91 | 1.44 | 1.26 | 1.49 |
| | 土耳其 | 0.18 | 0.46 | 0.43 | 0.40 | 0.41 | 0.64 | 0.65 | 0.75 |
| | 阿根廷 | 0.63 | 0.63 | 0.53 | 0.55 | 0.52 | 0.47 | 0.55 | 0.42 |
| | 中国大陆 | 0.21 | 0.28 | 0.40 | 0.56 | 0.74 | 1.32 | 1.55 | 2.13 |

资料来源：基于联合国贸发会议数据库（UNCTAD）数据和回归模型参数。

**1. 发达经济体趋势的参照观测**

在20世纪80年代早期，因广大发展中经济体的工业化程度普遍较低，因此发达经济体的CDEI值相对较高。此后，经历全球化进程冲击，尽管发达经济体出口绝对规模也在提升，但提升程度毕竟不如工业型发展中经济体，从此发达经济体CDEI值持续下降。不过，即使经历了下降，目前其CDEI值仍处在相对较高的量值。其中，1980~2015年，美国CDEI值从5.486降至2.856；1987~2015年，德国CDEI值从10.818降至6.808；1986~2015年，日本CDEI值从7.154降至2.443。

**2. 跨越者趋势观测**

图4-1显示，在跨越者经历跨越关键期之后，出口规模比较指数值（$CDEI_i$）都攀升到较高水平。

51

——中国台湾地区。在跨越关键期1983~1994年，CDEI从3.463变动至1994年的3.838。台湾地区CDEI停止上升年份是1989年，当年PIR为0.646，CDEI为4.113，这也是其历史最大值。

——韩国。在跨越关键期1987~1996年，CDEI从2.405变动至2.846。和中国台湾地区不同，韩CDEI在跨越关键期及以后一直都在持续缓慢爬升。2015年达3.587，为直至2015年历史最大值。

——捷克。在跨越关键期是1995~2008年，CDEI从1.101升至2.413。此后，CDEI一直攀升，2015年达2.736。

**3. 未跨越者趋势观测**

PIR值长期徘徊在0上下的阿根廷、土耳其、马来西亚、墨西哥，其CDEI值均在相对较低的量值上就遭遇回调拐点。

——马来西亚和墨西哥。二者CDEI都曾在一段时期持续上升，但都上升到一定高度后持续回落。

马来西亚在1986~1996年CDEI从1.318持续攀升至2.591，与此相关联，此间PIR也从-0.534持续攀升至-0.056。但1996年后，CDEI持续回落，2005年已经回落至1.85。1996年的CDEI值仍是至2015年马来西亚的最高纪录。马来西亚的PIR值此后也是先显著回落，再缓慢爬升，此后的最高值是2014年0.018。

墨西哥在1991~2000年CDEI从0.651持续攀升至1.907，此后则持续回落，2009年后则有所回升。2000年的CDEI值仍是至2015年墨西哥的历史最大值。

——土耳其。1980~2015年，土耳其CDEI值总体呈持续缓慢攀升态势，并且2015年也是历史最高值，不过2015年其CDEI只有0.749，即仍未能达到当年全球工业型经济体截面样本的几何平均值（即1）。

——阿根廷。1980~2015年，阿根廷CDEI值在波动中稍有下降，历史最高位为 1981 年的 0.716，历史最低位为 2015 年的 0.422。

(四) 本节总结

跨越者在经历跨越关键期之后，出口规模比较指数值 (CDEI) 也攀升至高水平，此后持续多年，不论是继续上升，还是有所回落，都继续维系在高水平 (2.5 以上)。到 2015 年，中国台湾地区、韩国、捷克三经济体的 CDEI 指数值分别 3.02、3.59、2.74。

PIR 长期徘徊在 0 附近的未跨越者，只有马来西亚 CDEI 指数值在 1994~1996 年三年间接短暂高于 2.5，其余大部分年份都在 2.5 以下，特别是阿根廷，从未高过 0.65。如表 4-3 所示，2015 年，马来西亚、墨西哥、土耳其、阿根廷的 CDEI 指数值分别为 1.85、1.49、0.75、0.42。

跨越者和未跨越者之间的区别主要体现在跨越者 CDEI 指数值在达到较高水平后或持续提升，或高位相对稳定，而未跨越者 CDEI 指数值抵达低高度后就回落。这反映出，就跨越者出口总量规模而言，在 PIR 突破 0 之后，CDEI 抵达约 2.5 的水平后，或者原增长点增长动能并未耗尽，或者正培育形成新增长点。至于未跨越者，在出口总量规模的较低水平，便失去增长动能。跨越者和非跨越者出口额增长潜力和动能的差异，如何体现在分类产品上面呢？下一节拟进一步相对深入地分析这一问题。

从 1986 年开始，发达经济体 CDEI 指数值普遍持续下跌。到 2015 年，德国、美国、日本的 CDEI 指数值分别为 6.81、2.86、2.44。其中美国、日本的指数值均已低于中国台湾地区和韩国的同年指数值。

## 二、出口产业占比趋势比较：跨越过程中高资本高技术密度产品占比攀升至高水平

### （一）贸易品部门分类和资料来源

部门分类主要借鉴（但不完全照搬）WTO《世界贸易经济评价2016》中基于 SITC 分类的说明。数据取自 UN Comtrade 数据库，其中 2000 年以后基于 SITC Ⅲ 口径，1980～1999 年数据基于 SITC Ⅱ。部门分类和 SITC 分类的对应关系如下。

（1）服装，基于 SITC 84 类别。

（2）纺织，基于 SITC 65 类别。

（3）轻机电产品，包括自动数据处理（ADP）设备、电信设备、家电、集成电路及电子器件，分别基于 SITC 75、76、775、776 类别。

（4）钢铁，基于 SITC 67 类别。

（5）化工制药，基于 SITC 5 类别。

（6）汽车，包括 SITC 分类下的 781、782、783、784、7132、7783 类别。

（7）机电装备，为 SITC7 大类"机械与运输设备（machinery and transport equipment）"之中，除轻机电、汽车之外部分，即 SITC 7 大类中那些主要用作第二产业（工业和建筑业）中间投入的部分。

机电装备业是一具重要意义类别，其主要产品子类有：除汽车及其零附件之外的所有运输设备及其零附件，包括铁路机车、船舶、航空航天器等及其零附件；机械设备；电气设备。从部门对比上看，机电装备业产品绝大部分产品是资本、技术密度较高的"中

间需求"产品。经济体机电装备生产相对份额增加，意味着全社会生产价值链过程拉长，工业化也步入更深层次。

（8）制造品。由SITC分类下5、6、7、8类别求和后减去SITC 68类别得到。

（9）其他制造品。由制造品中未包含在上述服装、纺织、轻机电、钢铁、化工制药、汽车、机电装备类别中的产品组成，主要包括非钢铁金属产品、金属加工品、加工食品等制造品。其出口额由制造品出口额减上述类别出口额获得。

（10）非制造品。其出口额由全部出口额减去制造品出口额获得。

少数经济体在1985年及以前部分年份，SITC 7大类中部分子类数据缺失，按相对合理的占比比率或增长比率假定，将相应年份数据补齐。另还有少数经济体部分大类SITC Ⅱ数据缺失，用SITC Ⅰ数据替代。

## （二）关于各产品类别所属产业属性的初步认识

（1）高资本高技术密度产品类别。所有经济体机电装备、汽车、化工制药类产品，属于高资本、技术密度产品，通常在同一时期，高收入工业化经济体上述类别产品占本经济体出口额比重，都较低收入经济体更高，并且在工业型经济体赶超发展过程中，上述部门产品出口占比趋向增加。

（2）低资本低技术密度产品类别。服装、纺织、非制造业属于低资本、低技术密度产品。

（3）资本和技术密度不确定产品类别。

——轻机电产品的资本和技术密度和时期相关。1980~2000年，轻机电产品资本密度在高中低档都有分布，大部分轻机电产品技术密度则可归属为高或较高。2000年后，随着各类轻机电部门在全球范围重组转移，各类轻机电产品资本、技术的相对密度都趋于下降。

——钢铁、其他制造品的资本和技术密度在不同经济体之间差异较大。其原因在于各经济体对相应产业部门技术改造程度不同。

本研究后续经验素材将进一步验证，上述关于产业属性的认识总体正确。

### （三）关于1980～2015年各类经济体分类产品出口占比趋势的简要描述

首先交代出口占比的计算公式。某产品类别在某经济体货物出口额中的占比 $P_{industy}$ 的及其对数化指标变量 $lnHP_{industy}$ 的计算式如（4-8）、（4-9）所示。设计和获取对数化变量的目的在于为就后续数学建模做准备。

$$P_{industy} = \frac{经济体本产品类别出口额}{经济体全部货物出口额} \times 100\% \quad (4-8)$$

$$lnHP_{industy} = ln\left(\frac{经济体本产品类别出口额}{经济体全部货物出口额} \times 100\right) \quad (4-9)$$

**1. 关于发达经济体占比趋势的参照**

发达经济体各产品类别出口占比趋势如图4-2所示。

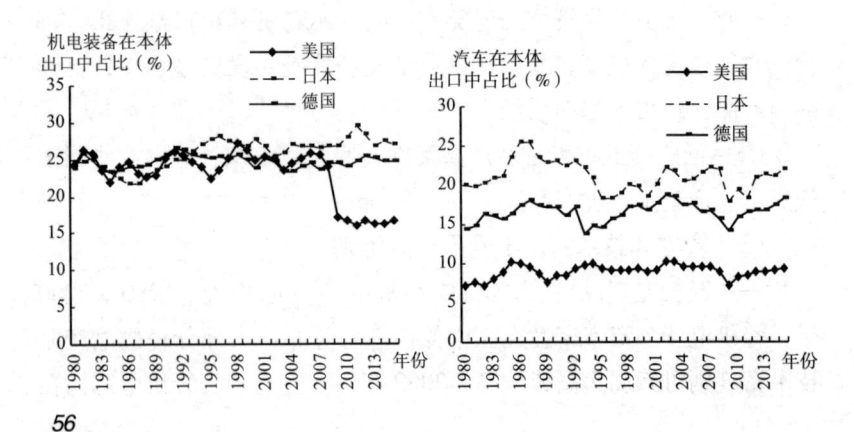

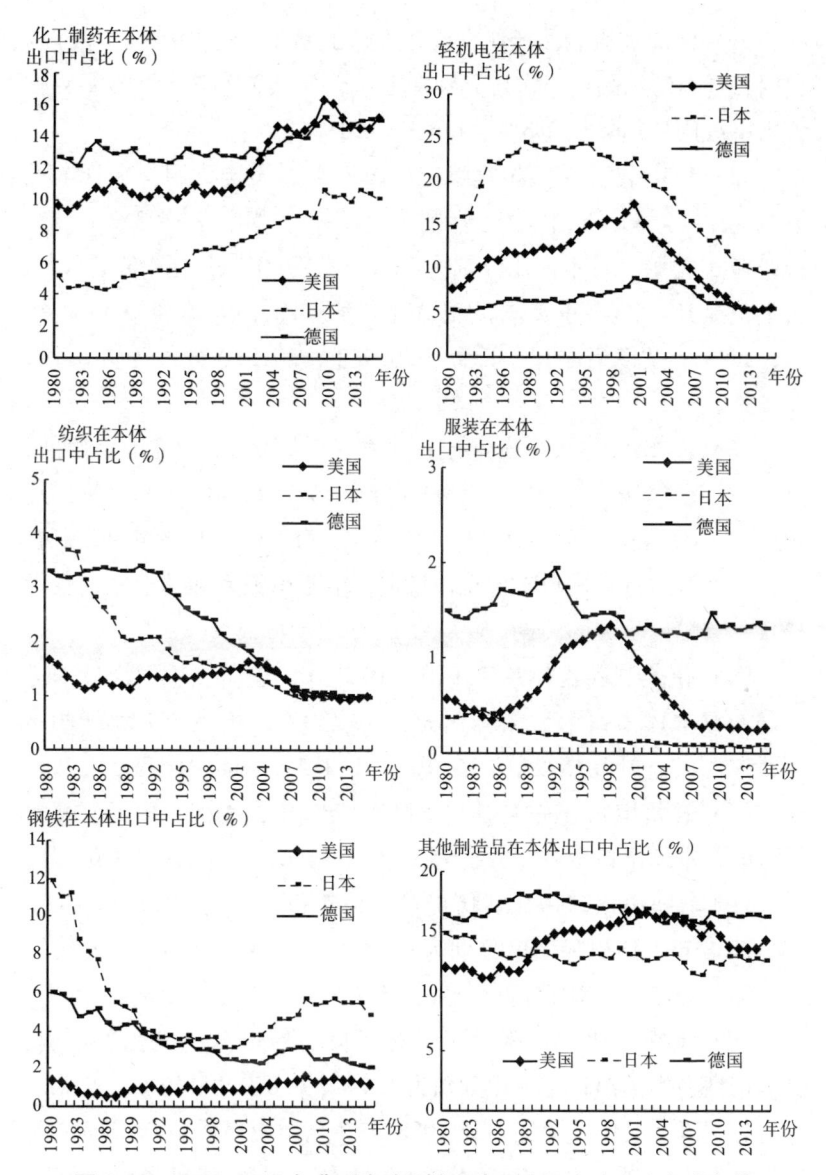

# 第四章 关于出口总量结构和创新活跃度的初步比较

**图4-2　1980~2015年典型发达经济各类别产品出口占比变动态势**

资料来源：基于联合国 UN Comtrade 数据计算。

(1) 纺织和服装两产业占比普遍趋于下降。到 2015 年，美国、德国、日本纺织品出口占比分别降至 0.98%、0.96%、0.99%，服装出口占比分别降至 0.3%、1.3%、0.1%。

(2) 机电装备占比相对稳定。1980 年，美国、德国、日本机电装备在本体出口中占比分别为 24.2%、24.7%、23.7%。到 2015 年，德国、日本占比分别为 24.6%、27.0%，德国变动不大，日本稍提升。2008 年美国该项占比仍为 24%，大体和 1980 年相当，2009 年及以后断崖式下跌。2009 年、2015 年分别为 17.1%、16.6%。

(3) 汽车占比相对稳定或稳中微升。1980 年，美国、德国、日本汽车在本体出口中占比分别为 7.1%、14.4%、20.1%，到 2015 年，该占比分别为 9.3%、18.3%、21.9%。从图 4-2 中看到，三经济体汽车出口占比总体稳定，主要由汇率和其他短期因素导致其有幅度不大的波动。

(4) 化工制药占比趋于上升。1980 年，美国、德国、日本化工制药在本体出口中占比分别为 9.6%、12.7%、5.1%，到 2015 年，该占比分别为 15.2%、15.0%、10.1%，都有一定程度上升。

(5) 轻机电占比先上升后下降。1980 年，美国、德国、日本轻机电在本体出口中占比分别为 7.7%、14.6%、5.3%。美国、德国、日本轻机电出口占比达历史最大值年份分别为 2000 年、2000 年、1988 年，历史最大值分别为 17.5%、9.0%、24.4%，此后持续下降，2015 年三国该占比分别为 5.8%、5.5%、9.8%。

(6) 钢铁占比先下降后上升再下降。1980 年，美国、德国、日本钢铁在本体出口中占比分别为 1.4%、6.0%、11.9%，此后总体趋势下降。其中，美国占比 1988 年降至历史最低值 0.53%，此后先回升再下降，2015 年为 1.4%；日本占比 2000 年降至 3.1%，此后先升后略降，2015 年为 4.9%；德国占比 2003 年降至 2.3%，

## 第四章 关于出口总量结构和创新活跃度的初步比较

此后先升后降,2015年为2%。

(7)其他制造品占比变化不大。1980年,美国、德国、日本其他制造品在本体出口中占比分别为12%、16.4%、14.8%;2015年,三经济体该项占比分别为14.3%、16.2%、12.6%。

### 2. 跨越者

各产品类别出口占比趋势如图4-3所示。

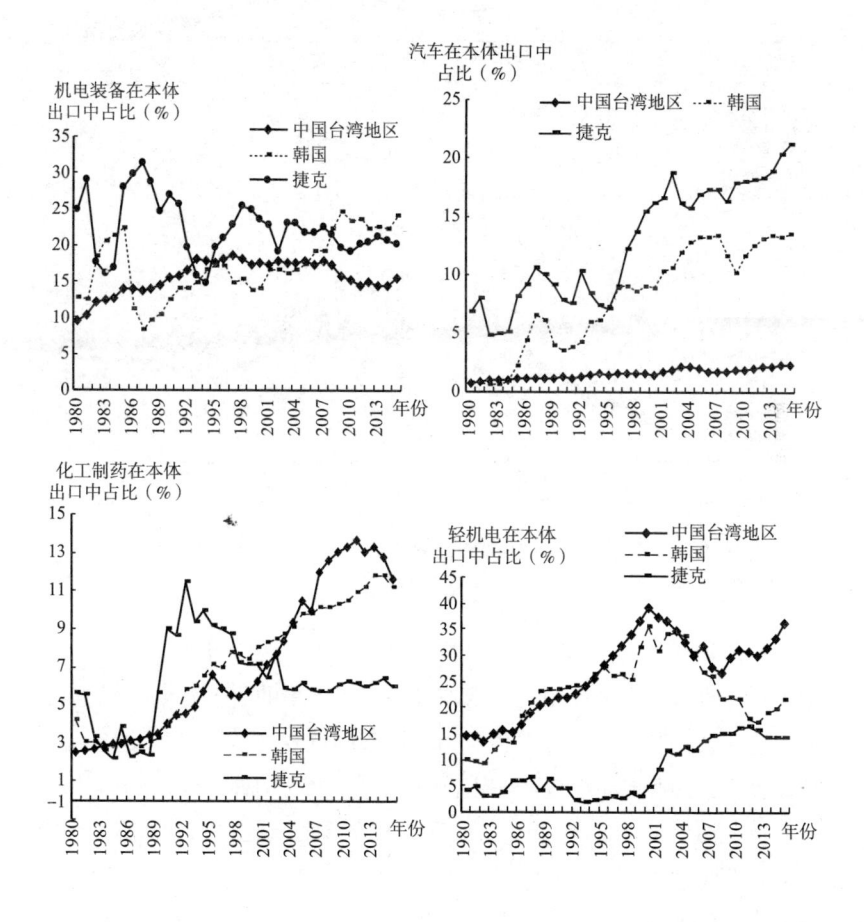

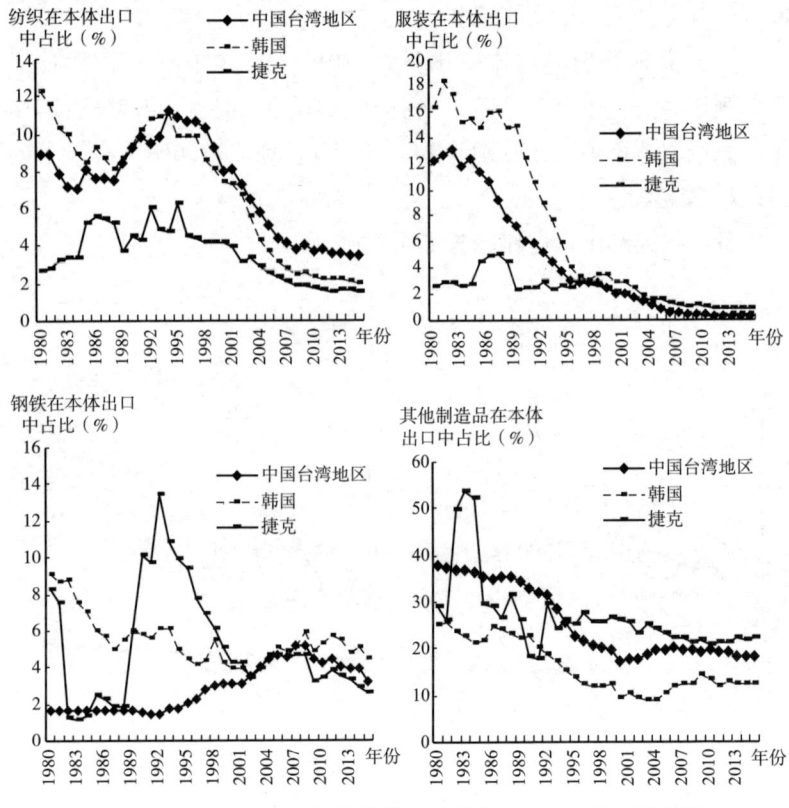

**图 4-3　1980~2015 年跨越者各类别产品出口占比变动态势**

资料来源：基于联合国 UN Comtrade 数据计算。

跨越者产业占比趋势变动的特征是，在 PIR 由 0 升至显著正值的跨越关键期和收入水平相对稳定在较高收入水平的后关键期，机电装备、轻机电、汽车、化工制药成为出口额的重要的增长点产业。成为重要增长点，表现在出口产业占比动态上，分为两种情况。

——如果该产业出口额增长程度显著高于总出口额增长程度，按照数学原理，就会出现占比持续提升；

——如果该产业出口额增长程度和总出口额增长程度大体相

当，同时作为增长点又显得重要，显然其增量份额应维持较大份额，则按照数学原理，应要求占比高位（这里规定高的标准是15%）稳定。

在以下叙述中，我们还会使用相对增长点的提法。所有出口占比增加的产业部门都称为相对增长点。相对增长和相对萎缩对应。有的产业，如纺织服装业，可能其出口额绝对量仍在增加，但占比大幅下降，就是相对萎缩点、相对萎缩产业。

（1）服装业和纺织两产业占比都在相近年份开始持续下降。

中国台湾地区、韩国、捷克服装出口占比持续下降的前一年分别是1982年、1981年、1987年，即前两者下降起始年非常相近。当年三者PIR分别为 -0.006、-0.376、0.108。当年三者服装出口占比分别为13.1%、18.2%、5.1%，经持续下降，2015年三者服装占比分别为0.3%、0.4%、0.9%。

中国台湾地区、韩国、捷克纺织出口占比持续下降的前一年分别是1994年、1994年、1995年，当年三者PIR分别为0.905、0.731、0.068，即下降前中国台湾地区、韩国已跻身"较高"收入者阵营，捷克尚处中高收入阶段，当年三者纺织出口占比分别为11.3%、11.1%、6.2%，经持续下降，2015年三者当年该项占比分别为3.5%、2.0%、1.5%。三者纺织业出口规模开始持续收缩的时间之所以相近，和国际市场上其他出口大国的崛起时间相关。1994年中国纺织出口额年增长率高达35.6%，对纺织品国际贸易市场造成一定冲击。

上述跨越者两相对萎缩产业的出口占比趋势表明，传统轻工业规模相对收缩的起始时间，既和本经济体的收入水平有关，也和国际市场大环境相关。

（2）机电装备占比在跨越关键期及其后提升或高位持稳。中国台湾地区在跨越关键期1983~1994年，该占比从12.6%提升至17.8%，1997年再提升至18.7%。此后稍回落，2015年为15.5%。韩国在跨越关键期1987~1996年，该占比从8.4%提升至17.1%，此后波动中仍有上升，2015年达24%。捷克在跨越关键期2000~2008年，机电装备出口占比从23.6%变动至21.6%，表现出高位稳定特征。

（3）汽车占比持续提升或相对稳定。中国台湾地区在跨越关键期1983~1994年，该占比从1%稍升至1.5%，此后继续有所上升，2015年为2.4%。韩国在跨越关键期1987~1996年，该占比从6.5%升至8.9%，此后继续显著上升，2015年为13.5%。捷克在跨越关键期2000~2008年，该占比从16.1%高位变动至16.2%，此后仍有上升，2015年达21.2%。

（4）化工制药持续上升或相对稳定。中国台湾地区在跨越关键期1983~1994年，该占比从2.4%上升至5.9%，此后继续上升，2011年达13.6%，2015年为11.6%。韩国在跨越关键期1987~1996年，该占比从2.8%上升至7.0%，此后总体持续上升，2014年达11.8%。捷克在跨越关键期2000~2008年，该占比从7.1%变动至5.7%，2015年为6%。

（5）轻机电占比在跨越关键期均持续大幅上升。中国台湾地区在跨越关键期1983~1994年，该占比从15%上升至25.6%，此后继续上升，2000年达历史最大值39.1%，此后下降和波动，2015年回复到较高值36.2%。韩国在跨越关键期1987~1996年，该占比从21%上升至26%，此后继续上升，2000年达历史最大值35.4%，此后基本趋势是下降，2015年为17%。捷克在跨越关键期2000~2008年，该占比从4.8%上升至15.1%，此后仍稍上升，2011年曾达到16.5%。

（6）钢铁占比变动在升降趋势上未表现出相一致的规律性，进入"较高"收入水平阶段三者占比趋向接近。中国台湾地区在跨越关键期1983~1994年，该占比在1.7%上下轻微波动，此后上升，2008年达历史最大值5.2%，此后下降和波动，2015年为3.2%。

韩国在跨越关键期 1987~1996 年，该占比从 5.0% 波动中稍降至 4.1%，此后仍轻微波动，2015 年为 4.4%。捷克在跨越关键期 2000~2008 年，该占比从 4.2% 稍升至 4.7%，此后波动中下降，2015 年为 2.6%。

（7）其他制造品占比总体趋于降低。中国台湾地区在跨越关键期 1983~1994 年，该占比从 37% 降至 25.6%，此后继续下降，2015 年为 18.1%。韩国在跨越关键期 1987~1996 年，该占比从 24.0% 降至 12.3%，此后波动中持稳，2015 年为 12.4%。捷克在跨越关键期 2000~2008 年，该占比从 26.3% 下降至 21.2%，此后波动中下降，2015 年为 22.1%。

### 3. 未跨越者

各产品类别出口占比趋势如图 4-4 所示。未跨越者大部分类别制造业产品占比，在 PIR 尚较低时便转而下降，特别是其机电装备、轻机电两大类产品出口占比能达到的历史高度，和跨越者都有明显差距。这反映出本经济体在收入水平不高时候，由于大部分制造产业国际竞争力缺乏，就开始在产业领域遇到出口额的重要增长点、相对增长点缺乏问题。

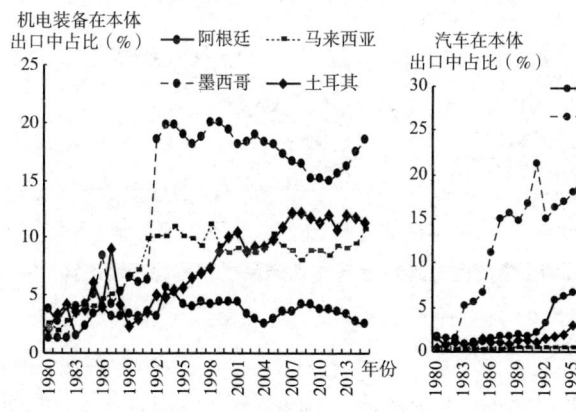

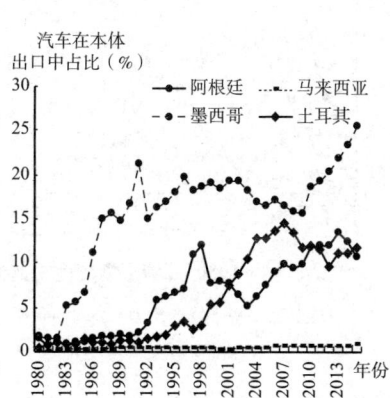

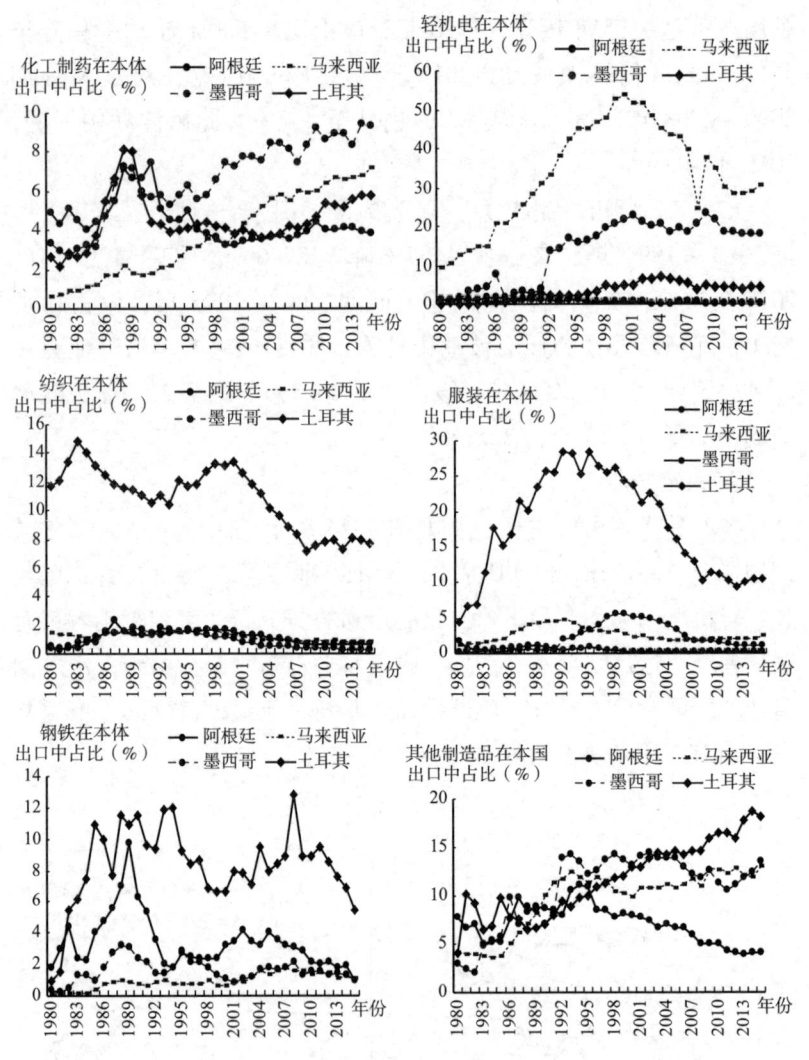

图 4-4　1980~2015 年典型未跨越者各类别产品出口占比变动态势

资料来源：基于联合国 UN Comtrade 数据计算。

（1）服装业出口占比由升转降。阿根廷、马来西亚、墨西

## 第四章 关于出口总量结构和创新活跃度的初步比较

哥、土耳其(下文所有简称四者,其顺序同此)该占比最大年份分别是 1980 年、1992 年、1999 年、1992 年,占比值分别为 1.75%、4.62%、5.7%、28.4%,当年的 PIR 分别为 0.151、-0.344、-0.010、-0.203。峰值年之后,服装业占比持续下降,2015 年占比分别为 0.11%、2.4%、1.18%、10.5%。可见,阿根廷早在 1980 年,马来西亚、墨西哥、土耳其在收入水平未达到世界平均水平的时候,服装业就已不能作为出口额的相对增长点了。

(2)纺织业出口占比由升转降。四者该占比最高年份分别是 1987 年、1996 年、1992 年、1983 年,当年纺织出口占比分别为 2.32%、1.73%、1.86%、14.9%,当年 PIR 分别为 0.172、-0.056、-0.030、-0.437。峰值年之后,四者纺织业占比持续下降,2015 年占比分别为 0.24%、0.83%、0.68%、7.61%。可见,阿根廷早在 1987 年,马来西亚、墨西哥、土耳其在收入水平尚未达到世界平均水平时候,纺织业也已不能作为出口额相对增长点了。

(3)机电装备占比由升转降。四者该项占比最高年份分别是 1993 年、1998 年、1998 年、2007 年,当年机电装备出口占比分别为 5.7%、11.1%、20.0%、12.3%,当年 PIR 分别为 0.569、-0.403、-0.101、-0.074。峰值年之后,四者机电装备出口总体呈下降态势,2015 年占比分别为 2.6%、10.6%、18.5%、11.4%。可见,阿根廷早在 1993 年,马来西亚、土耳其在收入水平未达世界平均水平的时候,机电装备业已不能作为出口额的相对增长点了。墨西哥 1998~2015 年,机电装备占比属于高位相对稳定,可视作为重要增长点。

(4)汽车产品占比持稳或攀升。阿根廷、土耳其占比最高年份分别为 2013 年、2007 年,占比分别为 13.6%、14.5%,当年 PIR

65

分别为0.324、0.074，而2015年的占比分别为10.8%、11.8%，都有一定降幅。马来西亚、墨西哥占比最高年份都是2015年，占比分别为0.76%、25.5%，当年PIR分别是-0.049、-0.122。汽车产业可作为当前墨西哥出口额的重要增长点，对其他三国而言，则不是重要增长点，只是收入水平仍徘徊在中高阶段的相对增长点。

（5）化工制药产品占比持稳或攀升。2000~2015年，墨西哥该项占比在低数值小幅波动中稍有增长，2000年、2015年占比分别为3.2%、3.8%，而阿根廷占比从7.3%上升至9.3%，马来西亚占比从3.8%上升至7.2%，土耳其占比从3.9%上升至5.7%。因此，2000~2015年，化工制药产品可视作为阿根廷、马来西亚、土耳其出口额的相对增长点，但由于15年间提升幅度不大（均低于4个百分点），仍不能视作为重要增长点。

（6）轻机电占比由升转降。四者该项占比最高年份分别是1986年、2000年、2009年、2004年，当年轻机电出口占比分别为1.76%、53.6%、23.2%、6.85%，当年PIR分别为0.265、-0.266、-0.136、-0.146。峰值年之后，四国轻机电出口占比持续下降，2015年占比分别为0.14%、30.5%、17.9%、4.06%。可见，阿根廷早在1986年，且轻机电出口占比只有1.76%的时候，马来西亚、墨西哥、土耳其在收入水平尚未达到世界平均水平的时候，轻机电已不能成为出口额的相对增长点了。

（7）钢铁占比由升转降。1980~2015年，四者钢铁占比一般都经过两次以上的持续上升和下降。这里以1999年以后的由升转降来说明。1999年后，四者该项占比最高年份分别是2002年、2007年、2008年、2008年，当年钢铁出口占比分别为4.11%、1.73%、2.08%、12.8%，当年PIR分别为0.259、-0.568、-0.287、-0.376。峰值年之后，四者占比都持续下降，2015年占比分别为0.98%、1.10%、0.93%、5.49%，都已经降低到很低水平。可见,四者 PIR 尚在 0 附近的时候,钢铁已不能成为出口额相对增长点。

(8) 其他制造品占比趋势互有不同。至 2015 年约 10 年时间,马来西亚、墨西哥的其他制造品占比呈幅度不大的波动状态,土耳其占比呈攀升态势,阿根廷占比呈持续下降态势,因此,至 2015 年,四者当中只有土耳其其他制造品可算作出口额的相对增长点。

(四) 本节总结

如表 4-4 所示,跨越者在 PIR 超出 0 之后 10 年左右提升期,都伴有机电装备、汽车、化工制药、轻机电出口占比的持续显著提升,此后这些产业占比或继续有所上升,或即使不上升,也保持在相对较高的水平上(如捷克的机电装备产业,始终保持在 20% 以上,虽没有上升,但也表明该产业基本实现和总出口额的基本同步增长)。因此,本研究以下将机电装备、汽车、化工制药、轻机电称为跨越关键期四大相对增长点产业,或简称为增长点产业。

从表 4-4 中看到,如果以跨越关键期出口占比提升(表 4-5 中的 $\Delta P$)的百分点来衡量,上述四大增长点产业在关键期对出口额增长的支持力度也是不一样的。

——中国台湾地区的分产业贡献度排序分别为轻机电(占比上升 10.6 个百分点,下类同)、机电装备 (5.2)、化工制药 (3.5)、汽车 (0.5)。

——韩国的分产业贡献度排序分别为机电装备 (8.7)、轻机电 (5.2)、化工制药 (3.5)、汽车 (0.5)。

——捷克的分产业贡献度排序分别为轻机电 (10.3)、汽车 (2.8)、化工制药 (-1.4)、机电装备 (-2)。仍需要提醒的是,

表4-4 跨越者在跨越关键期四大产业出口占比变动量和关键期后占比最高值所在年的 PIR

| 经济体<br>(关键期) | 机电装备 ||| 汽车 ||| 化工制药 ||| 轻机电 |||
|---|---|---|---|---|---|---|---|---|---|---|---|---|
| | $P_{始} \sim P_{终}$<br>($\Delta P$) | $P_{max}$, PIR | (年) | $P_{始} \sim P_{终}$<br>($\Delta P$) | $P_{max}$, PIR | (年) | $P_{始} \sim P_{终}$<br>($\Delta P$) | $P_{max}$, PIR | (年) | $P_{始} \sim P_{终}$<br>($\Delta P$) | $P_{max}$, PIR | (年) |
| 中国台湾地区<br>(1983~1994) | 12.6~17.8<br>(5.2) | 18.7, 0.976 | (1997) | 1~1.5<br>(0.5) | 2.4, 0.755 | (2015) | 2.4~5.9<br>(3.5) | 13.6, 0.699 | (2011) | 15~25.6<br>(10.6) | 39.1, 1.022 | (2000) |
| 韩国<br>(1987~1996) | 8.4~17.1<br>(8.7) | 24.6, 0.746 | (2009) | 6.6~8.9<br>(2.3) | 13.5, 0.975 | (2015) | 2.8~7.0<br>(4.2) | 11.8, 0.904 | (2013) | 21~26<br>(5) | 35.4, 0.805 | (2000) |
| 捷克<br>(2000~2008) | 23.6~21.6<br>(-2) | 21.2, 0.622 | (2013) | 8.8~11.6<br>(2.8) | 21.2, 0.524 | (2015) | 7.1~5.7<br>(-1.4) | 6.5, 0.595 | (2014) | 4.8~15.1<br>(10.3) | 16.5, 0.732 | (2011) |

资料来源：基于联合国 UN Comtrade 数据计算。

跨越关键期捷克机电装备出口占比下降2个百分点，是高占比（期初23.6%）下降，因此虽占比下降，但机电装备本产业的时期增长相对程度并不低，仍基本保持和本体出口额增长程度相当。

对照观察未跨越者，如表4-5所示，或在20世纪80年代很早年份（如阿根廷），或在PIR尚未抵达0时，大部分制造类产业出口占比都由升转降，少数产业出口占比的持稳或上升也是低水平的持稳或上升，表明未跨越者在收入水平处在中高阶段的时候，普遍遇到制造品出口相对增长点缺乏的问题。本来，纺织、服装等传统轻型产品已经受到全球化冲击，对出口额贡献开始下降，而高资本、高技术密度增长点又不能跟上，出口额增长动能就会相对缺乏。当然，个别经济体也有少数产业能够算作重要增长点或相对增长点，如墨西哥的机电装备、汽车可算作重要增长点；阿根廷、马来西亚、土耳其的化工制药都可算作相对增长点；但是，与跨越者四大或更多增长点共同发力不同，未跨越者少数产业用作增长点的动能毕竟有限。如本章第一节所揭示，墨西哥的出口规模比较指数值（CDEI）的历史最高位为2000年的1.907，仍显著低于CDEI跨越界限点2.5，表明其出口增长动能仍不足以带动墨西哥走出中等收入陷阱。

表4-5  未跨越者四大增长点产业出口占比的历史最大值、所在年份与当年PIR

| 经济体<br>（关键期） | 机电装备 年份 | $P_{max}$（%） | 当年PIR | 汽车 年份 | $P_{max}$（%） | PIR | 化工制药 年份 | $P_{max}$（%） | 当年PIR | 轻机电 年份 | $P_{max}$（%） | 当年PIR |
|---|---|---|---|---|---|---|---|---|---|---|---|---|
| 阿根廷 | 1993 | 5.7 | 0.569 | 2013 | 13.6 | 0.324 | 2014 | 9.4 | 0.163 | 1986 | 1.8 | 0.265 |
| 马来西亚 | 1998 | 11.1 | -0.403 | 2015 | 0.76 | -0.049 | 2015 | 7.2 | -0.049 | 2000 | 53.6 | -0.266 |
| 墨西哥 | 1998 | 20.0 | -0.101 | 2015 | 25.5 | -0.122 | 1991 | 7.4 | -0.104 | 2009 | 23.1 | -0.136 |
| 土耳其 | 2007 | 12.3 | -0.074 | 2007 | 11.8 | 0.074 | 1988 | 8.2 | -0.496 | 2004 | 6.9 | -0.146 |

资料来源：基于联合国UN Comtrade数据计算。

## 三、创新活跃度比较：跨越者创新活跃度攀升至高水平

### （一）指标设计

分别设计百万人口发明专利申请量（PCIPQ）和经济体创新活跃度指数（PCIPI）指标，其计算式如（4-10）、（4-11）所示。强度指标 PCIPQ 和对数化相对变量指标 PCIPI 都是可比指标，但如下比较可看到，二者比较风格有差异。PCIPI 的另一意义是为下两章相关数学模型做准备。1980~2015 年典型样本经济体典型年份 PCIPQ、PCIPI 指标数值如表 4-6、表 4-7 所示。

表 4-6  1980~2015 年典型样本经济体典型年份百万人口发明专利申请量

| 经济体类 | 经济体 | 1980年 | 1985年 | 1990年 | 1995年 | 2000年 | 2005年 | 2010年 | 2015年 |
|---|---|---|---|---|---|---|---|---|---|
| 发达经济体 | 德国 | 367.0 | 415.1 | 389.1 | 466.9 | 631.7 | 595.3 | 584.9 | 587.2 |
| | 美国 | 266.7 | 260.8 | 353.4 | 459.0 | 574.6 | 692.9 | 771.4 | 885.6 |
| | 日本 | 1429.8 | 2286.4 | 2723.5 | 2681.2 | 3056.1 | 2897.8 | 2278.4 | 2045.0 |
| | 葡萄牙 | 9.4 | 8.6 | 10.2 | 8.0 | 7.9 | 15.1 | 47.1 | 89.4 |
| | 希腊 | 131.5 | 113.1 | 23.8 | 25.0 | 27.9 | 41.7 | 65.1 | 50.2 |
| 发展中经济体 | 跨越者 韩国 | 33.1 | 66.7 | 211.3 | 1326.4 | 1576.2 | 2566.7 | 2685.0 | 3326.0 |
| | 中国台湾地区 | 23.7 | 46.9 | 73.4 | 104.7 | 311.4 | 885.0 | 987.3 | 739.1 |
| | 捷克 | 496.3 | 1.7 | 26.8 | 60.6 | 54.1 | 57.3 | 82.6 | 83.5 |
| | 未跨越者 马来西亚 | 0.0 | 0.0 | 5.1 | 6.8 | 8.9 | 20.2 | 43.8 | 41.9 |
| | 墨西哥 | 10.2 | 7.6 | 7.7 | 4.6 | 5.3 | 5.3 | 8.0 | 10.7 |
| | 土耳其 | 3.1 | 2.7 | 2.6 | 2.9 | 4.4 | 13.7 | 44.0 | 68.0 |
| | 阿根廷 | 45.2 | 37.7 | 29.2 | 19.3 | 28.7 | 26.9 | 13.4 | 12.6 |

注：数据补充说明：对部分经济体中间年份专利申请量缺数据，按前后最邻近年份的平均数补齐。对某些经济体在 20 世纪 80 年代早期没有数据，而其最初有数据年份的专利申请量很低（<10），按 0.1 件补齐，之所以不补为 0，是考虑到后续计算 PCIPI 指标取对数的需要。中国专利申请量数据在 1980~1984 年缺失，考虑到 1985 年 4065 件数值相对较高，因此不补齐，后续研究都按缺失处理。

资料来源：基于世界知识产权组织（WIPO）和联合国贸发会议（UNTCAD）数据计算。

## 第四章 关于出口总量结构和创新活跃度的初步比较

**表4-7 1980~2015年典型样本经济体典型年份经济体创新活跃度指数**

| 经济体类 | 经济体 | 1980年 | 1985年 | 1990年 | 1995年 | 2000年 | 2005年 | 2010年 | 2015年 |
|---|---|---|---|---|---|---|---|---|---|
| 发达经济体 | 德国 | 0.849 | 1.145 | 0.982 | 1.071 | 1.220 | 1.032 | 0.892 | 0.438 |
| | 美国 | 0.530 | 0.680 | 0.885 | 1.054 | 1.125 | 1.184 | 1.169 | 0.849 |
| | 日本 | 2.209 | 2.851 | 2.927 | 2.819 | 2.796 | 2.614 | 2.252 | 1.686 |
| | 葡萄牙 | -2.812 | -2.737 | 659 | -2.991 | -3.164 | -2.644 | -1.626 | -1.444 |
| | 希腊 | -0.177 | -0.155 | -1.813 | -1.856 | -1.899 | -1.626 | -1.303 | -2.021 |
| 发展中经济体 跨越者 | 韩国 | -1.556 | -0.683 | 0.371 | 2.115 | 2.134 | 2.493 | 2.416 | 2.173 |
| | 中国台湾 | -1.893 | -1.035 | -0.686 | -0.424 | 0.512 | 1.428 | 1.416 | 0.669 |
| | 捷克 | 1.151 | -4.365 | -1.694 | -0.971 | -1.238 | -1.309 | -1.065 | -1.513 |
| 未跨越者 | 马来西亚 | -9.986 | -5.562 | -3.363 | -3.158 | -3.054 | -2.350 | -1.700 | -2.201 |
| | 墨西哥 | -2.739 | -2.852 | -2.938 | -3.555 | -3.795 | -3.686 | -3.397 | -3.563 |
| | 土耳其 | -3.941 | -3.897 | -4.044 | -4.009 | -3.752 | -2.742 | -1.695 | -1.717 |
| | 阿根廷 | -1.246 | -1.256 | -1.609 | -2.114 | -1.873 | -2.064 | -2.884 | -3.405 |

资料来源：基于世界知识产权组织（WIPO）和联合国贸发会议（UNTCAD）数据计算。

$$\frac{\text{经济体百万人口发明}}{\text{专利申请量（PCIPQ）}} = \frac{\text{经济体本体居民发明专利申请量（件）}}{\text{经济体人口总量（百万）}} \quad (4-10)$$

$$\frac{\text{经济体创新活跃度}}{\text{指数（PCIPI）}} = \ln\left(\frac{\text{经济体百万人口发明专利申请量}}{\text{截面样本经济体百万人口发明专利申请量算术平均值}}\right) \quad (4-11)$$

### （二）指标变动态势比较

图4-5、图4-6显示了比较对象1980~2015年指标变动态势。

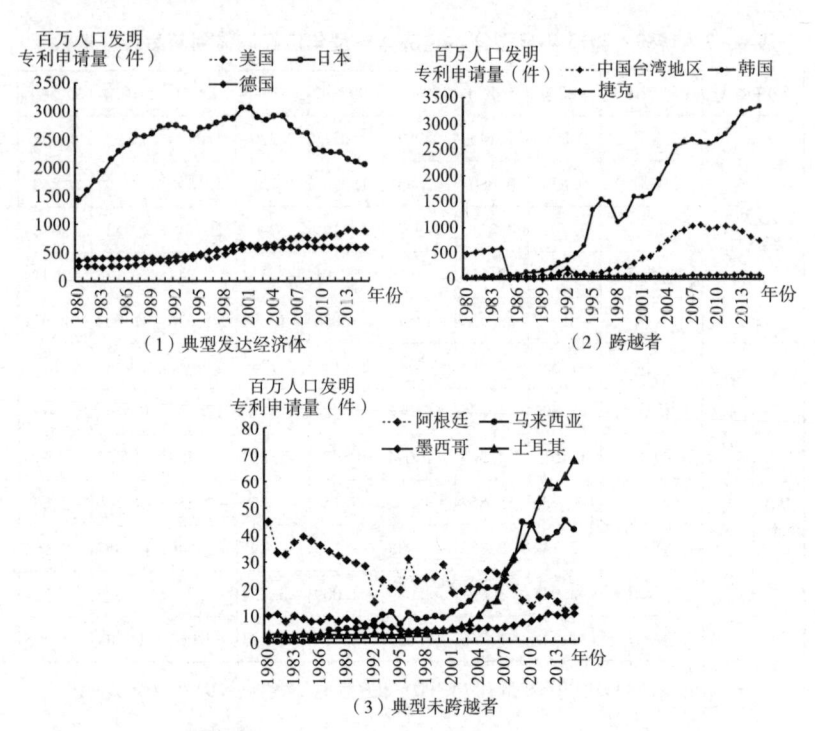

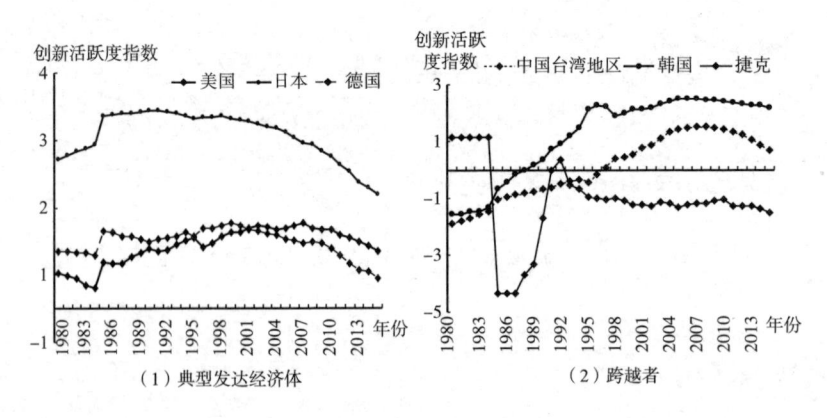

图 4-5　1980～2015 年典型经济体百万人口发明专利申请量

资料来源：基于世界知识产权组织（WIPO）和联合国贸发会议（UNTCAD）数据计算。

## 第四章 关于出口总量结构和创新活跃度的初步比较

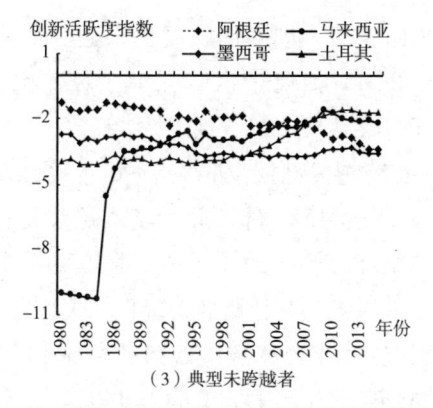

（3）典型未跨越者

**图 4-6 1980~2015 年典型经济体创新活跃度指数**

资料来源：基于世界知识产权组织（WIPO）和联合国贸发会议（UNTCAD）数据计算。

### 1. 典型发达经济体的参照比较

（1）美国。百万人口发明专利申请量保持上升趋势，1980 年为 267 件，2013 年为 897 件，2015 年为 886 件。创新活跃度指数 2007 年达到最大值 1.26，2015 年为 0.85。

（2）德国。1980~2000 年百万人口发明专利申请量从 367 件上升至 632 件，此后缓慢轻微下降，2015 年为 587 件。创新活跃度指数 1999 年达到最大值 1.28，2015 年为 0.44。

（3）日本。1980~2000 年百万人口发明专利申请量从 1430 件上升至 3056 件，2015 年下降至 2045 件。创新活跃度指数 1991 年达到最大值 2.93，2015 年为 1.69。

### 2. 跨越者的指标趋势观察

（1）中国台湾地区。在跨越关键期 1983~1994 年，百万人口发明专利申请量从 37 件上升至 105 件，1994~2008 年仍维持上升态，2008 年达 1036 件，此后基本趋势是下降，2015 年为 739 件。在跨越关键期，创新活跃度指数（PCIPI）值从 -1.565 上升至

-0.336。即完成跨越后，创新活跃度仍未达到工业型经济体截面样本的平均值。PCIPI 实现正值年份是 1997 年，当年 PCIPI 为 0.068，2008 年 PCIPI 达历史最大值 1.513。

（2）韩国。在跨越关键期 1987~1996 年，百万人口发明专利申请量从 117 件上升至 1521 件，此后基本趋势是持续上升，2015 年达 3326 件，属全球经济体最高水平。在跨越关键期，创新活跃度指数（PCIPI）从 -0.184 上升至 2.258，即完成跨越后，韩国创新活跃度也已远超过工业型经济体截面样本的平均值。PCIPI 实现正值年份是 1989 年，当年 PCIPI 为 0.149，当年 PIR 为 0.370。2015 年 PCIPI 为 2.173，也是全球第一。

（3）捷克。在跨越关键期 2000~2008 年，百万人口发明专利申请量从 54 件上升为 68 件，此后仍继续上升，2013 年、2015 年分别为 93 件、83 件。在跨越关键期，创新活跃度指数（PCIPI）值从 -1.238 上升至 -1.203，2010 年捷克 PCIPI 为 -1.065，为历史最大值，仍未实现转正。

由此看到，跨越者创新活跃度指数（PCIPI）的变动通常会滞后于收入水平变动，不过，一旦转变为正值之后，跨越者的 PCIPI 仍会大幅上升一段时期。

**3. 未跨越者的指标趋势观察**

（1）阿根廷。1980 年以来阿根廷百万人口发明专利申请量（PCIPQ）基本态势是下降，1980 年 45.2 件，2015 年为 12.6 件。创新活跃度指数（PCIPI）从 1980 年的 -1.246 下降至 2015 年的 -3.405。

（2）马来西亚。1980 年以来阿根廷百万人口发明专利申请量（PCIPQ）基本态势是上升，最大值是 2014 年的 45.2 件。创新活跃度指数（PCIPI）最大值发生在 2009 年，为 -1.614，2015 年 PCIPI 分别为 -2.201。

（3）墨西哥。1980年墨西哥百万人口发明专利申请量（PCIPQ）为10.2件，此后先呈下降态势，1996年曾降至4.01件，后再持续回升，2015年为历史最高值10.7件。2015年创新活跃度指数（PCIPI）为历史最高值，达到 -3.563。

（4）土耳其。土耳其百万人口发明专利申请量（PCIPQ）从2000年开始持续上升，从4.4件上升至2015年的68件。2015年创新活跃度指数（PCIPI）为历史最高值，达到 -1.717。

由此看到，未跨越者PCIPQ和PCIPI普遍较低。2015年，四者PCIPI以土耳其最高，达 -1.717，但仍低于韩国、中国台湾地区、捷克在跨越关键期启动年份曾达到的分别为 -1.565、-0.184、-1.238的指数值。

### （三）本节总结

1980年后，发达国家人均发明专利申请量在一定时期仍保持上升态势。2000年以后普遍有所下降。跨越者在跨越关键期发明专利申请量会上升，但这一阶段上升程度并不显著，度过跨越关键期之后，发明专利申请量和创新活跃度指数都会持续显著攀升。就PIR长期徘徊在0附近的四个未跨越者而言，2015年阿根廷、墨西哥创新活跃度相对低迷，而马来西亚、土耳其的创新活跃度指数相对更高，但都仍未达到跨越者在跨越关键期启动年份的PCIPI指数值。

## 四、本章总结和启示

基于设计出口规模比较指数值（CDEI）比较出口总量规模，发现跨越者和未跨越者CDEI的变动态势有显著区别。跨越者在PIR突破0之后，CDEI抵达2~2.5的水平后，仍持续提升或相对稳定在较高数值，这表明跨越者出口达到较高规模后，虽然面临收入水平/要素成本提升带来的国际竞争力压力，但或者正在培育形成新的出口增长点，或者原有出口增长点动能并未耗尽。而未跨越者，通常在 PIR 尚在 0 附近，通常 CDEI 指数值抵达较低数值就持续回落，个别经济体如马来西亚个别年份也超出 2.5，但指数值并不能得到维系，而是再持续下降至较低水平。这表明未跨越者 PIR 尚在 0 附近时，出口增长动能已普遍不足。

基于计算出口占比并观察典型经济体各类产品出口占比历史趋势，发现跨越者在 PIR 超出 0 之后约 10 年提升期，都伴有机电装备、轻机电、汽车、化工制药出口占比的持续显著提升或高位稳定。从而，上述四产业都应视为跨越关键期出口额的增长点产业，其中机电装备、轻机电可算作重要增长点。至于未跨越者，或如阿根廷在 20 世纪 80 年代很早年份，或如其他经济体在 PIR 尚未抵达 0 时，大部分制造产业出口占比都由升转降，持续上升和高位持稳只表现在部分经济体的一两个产业上，这表明，未跨越者在收入水平抵达中高阶段，在传统轻工业占比已下降的情况下，高资本、高技术密度的相对增长点并未培育出来。能够用作重要增长点、相对增长点的产业缺乏，也解释了第一节所提出的未跨越者出口规模比较指数值（CDEI）增长动能缺乏的问题。

上述比较已经揭示，产业增长点是非特定禀赋经济体货物出口规模提升的关键，由此实际已阐明，制造业出口结构变动，是推动工业型经济体制造品出口规模攀升到高水平的关键力量。在全球化背景下，制造业出口相对高规模也意味着产值相对高规模。因此，制造业结构变动也是工业化进程的核心环节。

本章还对比观察典型经济体的百万人口发明专利申请量（PCIPQ）、创新活跃度指数（PCIPI）指标。跨越者度过跨越关键期之后，创新活跃度指数会逐渐大幅增长，并攀升至高水平。PIR 长期徘徊在 0 附近的未跨越者，其创新活跃度指数一直相对低迷，

## 第四章 关于出口总量结构和创新活跃度的初步比较

一直到2015年,都未曾达到三个跨越者在跨越关键期启动年份的创新活跃度指数值。

总地说,本章关于出口总量规模、出口产业占比、技术创新活跃度三方面的对比分析,初步揭示出口总量增长、出口结构变迁、技术创新成果对中等收入陷阱跨越的重要意义,也初步阐释了制造业结构变迁是工业化进程深入和中等收入陷阱跨越的关键环节。

不过,出口结构变迁内容丰富,究竟哪些占比变化的重要性更加重要?各种出口产业占比的变动和收入变动、技术创新成果数量变动之间会表现出什么互动关系?后续章节将继续深入考察上述论题。

# 第五章

# 关于制造业结构变动和其他经济变量关系的进一步考察

接上一章篇末提问,本章拟通过增量因素分析、相关分析、回归分析、因果关系检验等不同的统计分析方法,就出口产业占比指标和多项量化——收入水平、制造业产值水平、创新活跃度的——指标的相互关系,展开多种视角的考察。基于多视角分析,本章将继续论证,关键制造业部门的占比状态,对高收入水平的维系、对中等收入陷阱跨越,对技术创新活跃程度,都具有重要意义。

## 一、不同收入水平动态下出口额增量的产业构成对比

### (一) 发达经济体在1985~2008年间的参照观察

1985年后,在大部分制造业领域,发达经济体出口受到来自部分发展中经济体竞争压力逐渐加大。2008年后,美国等发达国家贸易态势深受美国次贷危机导致的全球经济衰退影响。因此,如果说发达经济体出口经受全球化冲击,那1985~2008年是冲击效应表现相对充分、影响效果相对持续稳定、受到其他干扰相对较少的时期。以下选择美国、德国、日本三经济体,观察其1985~2008年

# 第五章 关于制造业结构变动和其他经济变量关系的进一步考察

出口额增量的主要产业构成。

相关数据如表5-1所示。在这一历史时期，美国PIR在1.6以上，德国PIR在1.2以上，日本PIR在1.4以上。在23年时间里，三经济体年出口额都实现显著增长，2008年出口额分别是1986年的5.8倍、8倍、4.4倍。仅从出口额规模变动来看，发达国家也是全球化受益者。在全部增量出口额中，各国排在占比前五位的制造品类别及其占比情况（用括号中百分数显示）如下。

——美国。机电装备（24.1%）、化工制药（15.8%）、其他制造品（15.3%）、汽车（8.5%）、轻机电（7.3%）。

——德国。机电装备（24.6%）、汽车（15.6%）、其他制造品（15.5%）、化工制药（14.8%）、轻机电（6%）。

——日本。机电装备（28.1%）、汽车（21.4%）、轻机电（10.8）、其他制造品（10.6%）、化工制药（10.2%）。

三个发达经济体纺织、服装两产业合起来增量额占比都在2%以下。上述分析表明，在"很高"收入水平阶段，就产业之间比较而言，机电装备是各发达经济体普遍最耐受高要素成本冲击的出口增长点，至于其他产业的要素成本耐受程度，则各经济体互有不同。

表5-1　1985~2008年美国德国日本出口增量额的产业构成（%）

| 经济体 | PIR(1980, 2008) | 出口倍率 | 机电装备 | 轻机电 | 化工制药 | 汽车 | 钢铁 | 纺织服装 | 其他制造品 |
|---|---|---|---|---|---|---|---|---|---|
| 美国 | (1.86, 1.64) | 5.8 | 24.1 | 7.3 | 15.8 | 8.5 | 1.8 | 1.3 | 15.3 |
| 德国 | (1.22, 1.60) | 8 | 24.6 | 6 | 14.8 | 15.6 | 2.9 | 2 | 15.5 |
| 日本 | (1.42, 1.40) | 4.4 | 28.1 | 10.8 | 10.2 | 21.4 | 5 | 0.4 | 10.6 |

资料来源：基于UN Comtrade和联合国贸发会议（UNCTAD）数据计算。

## (二) 跨越者在跨越关键期

如表5-2所示，中国台湾地区、韩国、捷克的跨越关键期分别经过11年、9年、8年，年出口额分别是原来的4.1倍、2.7倍、5倍。在全部增量出口额中，各国排在占比前五位的制造品类别及其占比情况（用括号中百分数显示）如下。

表5-2　跨越者在跨越关键期出口增量额的产业构成（%）

| 经济体 | 起止年 | PIR起止 | 出口倍率 | 机电装备 | 轻机电 | 化工制药 | 汽车 | 钢铁 | 纺织 | 服装 | 其他制造品 | 非制造品 |
|---|---|---|---|---|---|---|---|---|---|---|---|---|
| 中国台湾地区 | 1983, 1994 | 0.062, 0.907 | 4.1 | 19.5 | 29.4 | 6.7 | 1.7 | 1.8 | 12.3 | 0.8 | 22.1 | 5.7 |
| 韩国 | 1987, 1996 | 0.035, 0.908 | 2.7 | 22.1 | 29.0 | 9.4 | 10.3 | 3.6 | 10.5 | -4.0 | 5.6 | 13.5 |
| 捷克 | 2000, 2008 | 0.097, 0.883 | 5 | 21.0 | 17.6 | 5.4 | 16.3 | 4.8 | 1.3 | 0.7 | 20.0 | 12.9 |

资料来源：基于UN Comtrade和联合国贸发会议（UNCTAD）数据计算。

——中国台湾地区。轻机电（29.4%）、其他制造品（22.1%）、机电装备（19.5%）、纺织（12.3%）、化工制药（6.7%）。

——韩国。轻机电（29.0%）、机电装备（22.1%）、纺织（10.5%）、汽车（10.3%）、化工制药（9.4%）。

——捷克。机电装备（21%）、其他制造品（20%）、轻机电（17.6%）、汽车（16.3%）、化工制药（5.4%）。

总地说，在跨越关键期，轻机电、机电装备是三跨越者共有的重要出口产业增长点。跨越关键期两产业增量额占比分别为48.9%、51.1%、38.6%，至于其他产业对出口额增量的贡献，则

## 第五章 关于制造业结构变动和其他经济变量关系的进一步考察

各经济体互有不同。

### (三) 未跨越者在"错失的跨越关键期"

前文提到,跨越者跨越关键期在 9~12 年。因此,以下为阿根廷、马来西亚、墨西哥、土耳其四个 PIR 长期在 0 值附近徘徊的经济体,设计一个持续 11 年、跨度 10 年的"错失的跨越关键期",再类似于针对跨越者在跨越关键期的考察,考察其出口额产业增量,再相互比较。其逻辑设想是,上述未跨越者在 PIR 抵达 0 后或接近 0 时,如果不错失某些条件,可能 10 年时间也能跨越中等收入陷阱,我们就是要通过比较,来观察它们出口额增长态势方面错失的条件是什么。该时期起点年份设定为 2005 年及之前的某年:或首次发生连续多年 PIR 为正值的年份;或连续多年 PIR 为负时期中 PIR 最接近 0 的年份。以下为各经济体"错失的跨越关键期"的起止年份。

(1) 阿根廷。起于 1990 年,终于 2000 年,起止年份 PIR 分别为 0.179、0.524。

(2) 马来西亚。起于 1996 年,终于 2006 年,起止年份 PIR 分别为 -0.056、-0.225。

(3) 墨西哥。起于 2000 年,终于 2010 年,起止年份 PIR 分别为 0.149、-0.068。

(4) 土耳其。起于 2005 年,终于 2015 年,起止年份 PIR 分别为 -0.019、-0.107。

关于未跨越者在"错失的跨越关键期"出口增量额产业构成,如表 5-3 所示。对比表 5-2 可发现未跨越者在"错失的关键期"的出口增长态势和跨越者跨越关键期的态势有明显差异。

表 5-3  未跨越者在"错失的跨越关键期"出口增量额的产业构成（%）

| 经济体 | 年份起，止 | PIR 起，止 | 出口倍率 | 机电装备 | 轻机电 | 化工制药 | 汽车 | 钢铁 | 纺织 | 服装 | 其他制造品 | 非制造品 |
|---|---|---|---|---|---|---|---|---|---|---|---|---|
| 阿根廷 | 1990, 2000 | 0.179, 0.524 | 2.13 | 5.5 | -0.2 | 8.4 | 13.6 | 0.4 | 0.4 | -0.3 | 7.3 | 64.9 |
| 马来西亚 | 1996, 2006 | -0.056, -0.225 | 2.05 | 8.6 | 40.6 | 7.7 | 0.7 | 2.4 | 0.1 | 0.6 | 10.4 | 28.9 |
| 墨西哥 | 2000, 2010 | 0.149, -0.068 | 1.79 | 10.0 | 22.1 | 4.9 | 18.8 | 2.1 | -0.5 | -3.2 | 9.0 | 36.7 |
| 土耳其 | 2005, 2015 | -0.019, -0.107 | 1.96 | 18.9 | 5.5 | 6.5 | 23.2 | 21.3 | 8.1 | 10.0 | 22.4 | -16.0 |

资料来源：基于 UN Comtrade 和联合国贸发会议（UNCTAD）数据计算。

（1）出口倍率（2左右）普遍大幅低于跨越者关键期的出口倍率（都在2.7以上）。

（2）轻机电、机电装备都没有同时成为关键的出口产业增长点。其中阿根廷两产业在出口增量额中占比都偏低，分别为-0.2%、5.5%；马来西亚、墨西哥都是机电装备占比偏低，分别为8.6%、10%；土耳其则是轻机电占比偏低，只有5.5%。

（3）有三经济体非制造品是重要产业增长点。阿根廷、马来西亚、墨西哥三者非制造品占比分别高达64.9%、28.9%、36.7%，表明就上述三经济体而言，农业矿业在承担出口额增长的很大份额。

## 二、其他工业化特征指标和出口产业结构指标的相关分析

上一章通过直接观察已看到，典型高收入发达经济体、典型跨越者，其机电装备出口占比和部分其他产业出口占比维系或攀

## 第五章 关于制造业结构变动和其他经济变量关系的进一步考察

升至高水平。那么,在同样的时间维度上,各产业出口占比和制造业产值相对高度指标、创新活跃度量化指标的相关关系究竟是怎样的?

以下设置两种相关分析,一种是2008年当年同时间截面相关,选择2008年主要考虑到2008年包括发达经济体出口产业结构基本处在一种相对正常状态,而从2009年开始世界贸易格局开始受美国次贷危机的较大影响;另一种是2008年收入水平、创新活跃度指标和2003年出口占比指标的跨时间截面相关。以下展现相关分析结果。

### (一)制造业产值水平率和对数化出口占比指标的相关分析

套用第二章式(2-4),式(5-1)进一步明确制造业产值水平率计算方法,如前文已做交代,制造业量比、制造业产值水平率是经济体制造业产值相对高度和工业化总体绩效量化指标。

$$制造业产值水平率(\text{PPVR-manu}) = \ln(制造业量比(\text{R-manu}))$$
$$= \ln\left(\frac{本经济体人均制造业增加值}{全球人均 \text{GDP}}\right)$$

(5-1)

再基于用上一章方法求得的占比指标 $P_{industy}$,用其百分数取对数,求得各年各产业占比指标的对数化指标 $\ln HP_{industy}$。计算方法如式(4-9)曾交代。如表5-4所示,分别计算2008年所有截面样本经济体的 PPVR-manu 和2003年、2008年各对数化占比指标的相关系数。

表5-4　2008年样本经济体 PPVR-manu 分别和2008年及2003年各对数化出口产业占比的相关系数

| 年份 | 结果 | 按相关系数大小列示占比名称和相关分析结果 |||||||
|---|---|---|---|---|---|---|---|---|
| | 占比名称 | $lnHP_{MEEQ}$ | $lnHP_{OTHM}$ | $lnHP_{LME}$ | $lnHP_{AUTO}$ | $lnHP_{CHEM}$ | $lnHP_{IRST}$ | $lnHP_{TEXT}$ | $lnHP_{CLO}$ |
| 2008 | 相关系数 r | 0.655 | 0.435 | 0.397 | 0.390 | 0.335 | 0.115 | -0.312 | -0.567 |
| | t 检验值 | 5.410 | 3.017 | 2.697 | 2.649 | 2.217 | 0.722 | -2.052 | -4.298 |
| | 占比名称 | $lnHP_{MEEQ}$ | $lnHP_{AUTO}$ | $lnHP_{CHEM}$ | $lnHP_{OTHM}$ | $lnHP_{LME}$ | $lnHP_{IRST}$ | $lnHP_{TEXT}$ | $lnHP_{CLO}$ |
| 2003 | 相关系数 r | 0.697 | 0.457 | 0.434 | 0.432 | 0.420 | 0.165 | -0.234 | -0.598 |
| | t 检验值 | 6.067 | 3.212 | 3.010 | 2.993 | 2.893 | 1.043 | -1.505 | -4.665 |

资料来源：基于 UN Comtrade 和联合国贸发会议（UNCTAD）数据计算。

表5-4中数据显示，跨越5年的相关系数，普遍高于当年相关系数，并且跨5年相关系数的 t 检验全部具统计显著性，而同年相关系数中则有 PPVR-manu 和 $lnHP_{IRST}$ 相关系数的 t 检验值绝对值小于1。这表明，通常出口产业结构对制造业产值的影响要持续多年，经济体产业结构和滞后的制造业产值高度更相关。

和2008年 PPVR-manu 相关的2003年各对数化出口占比的相关程度大小排序分别是：机电装备（相关系数0.697，以下类同）＞汽车（0.457）＞化工制药（0.434）＞其他制造业（0.432）＞轻机电（0.420）＞钢铁（0.165）＞纺织（-0.234）＞服装（-0.598）。

经过多次跨年相关分析显示，总是机电装备出口占比相关系数最高，而跨越时期长度不同的跨年组合下，汽车、化工制药、轻机电、其他制造业的对数化出口产业占比的相关程度排序则会表现出差异。

（二）创新活跃度指数和对数化出口占比指标的相关分析

如表5-5所示，各截面样本经济体2008年的创新活跃度指数（PCIPI）和5年前对数化出口产业占比的相关系数，也普遍高于和当年对数化产业占比的相关系数,全部跨年正相关系数的 t 检验具有显著性。这也表明,通常出口产业结构对技术创新的促进要持续多年,经济体产业结构和滞后时期的创新活跃度更相关。

**表 5-5　2008 年样本经济体 PCIPI 分别和 2008 年及 2003 年各对数化出口产业占比的相关系数**

| 年份 | 结果 | 按相关系数大小列示占比名称和相关分析结果 |||||||||
|---|---|---|---|---|---|---|---|---|---|
| 2008 | 占比名称 | lnHP$_{MEEQ}$ | lnHP$_{AUTO}$ | lnHP$_{LME}$ | lnHP$_{OTHM}$ | lnHP$_{CHEM}$ | lnHP$_{IRST}$ | lnHP$_{TEXT}$ | lnHP$_{CLO}$ |
|  | 相关系数 r | 0.705 | 0.510 | 0.441 | 0.355 | 0.225 | 0.143 | -0.196 | -0.618 |
|  | t 检验值 | 6.211 | 3.698 | 3.069 | 2.372 | 1.441 | 0.903 | -1.245 | -4.913 |
| 2003 | 占比名称 | lnHP$_{MEEQ}$ | lnHP$_{AUTO}$ | lnHP$_{LME}$ | lnHP$_{OTHM}$ | lnHP$_{CHEM}$ | lnHP$_{IRST}$ | lnHP$_{TEXT}$ | lnHP$_{CLO}$ |
|  | 相关系数 r | 0.740 | 0.524 | 0.455 | 0.393 | 0.312 | 0.167 | -0.016 | -0.462 |
|  | t 检验值 | 6.866 | 3.843 | 3.193 | 2.668 | 2.048 | 1.059 | -0.097 | -3.251 |

资料来源:基于 UN Comtrade 和世界知识产权组织(WIPO)数据计算。

和 2008 年 PCIPI 相关的 2003 年各对数化占比指标相关程度大小排序分别是:机电装备(0.740)>汽车(0.524)>轻机电(0.455)>其他制造业(0.393)>化工制药(0.312)>钢铁(0.167)>纺织(-0.016)>服装(-0.462)。经多次跨年相关分析显示,总是机电装备、汽车、轻机电三产业出口占比相关系数排在前三位。

## 三、其他工业化特征指标和出口产业结构指标的回归分析

在上一节相关关系分析之后,本节再就出口产业结构指标解释制造业产值相对高度指标、创新活跃度指标开展回归分析,以深化和丰富关于结构变迁影响工业化、创新成果的认识。为保证回归参数的稳健性,对所有回归残差系列同时开展怀特异方差检验和 ADF

检验，检验结果均是异方差统计显著性程度可以接受，同时残差系列均不含单位根。

### （一）多个对数化出口占比指标解释制造业产值水平率的回归方程

**1. 全部样本经济体的回归方程**

以2000年所有对数化产业出口占比为自变量，分别以自2000年开始若干年的制造业产值水平率（PPVR-manu）为应变量，通过搜索式回归，发现大多数年份，只有机电装备、化工制药、轻机电三占比指标表现出统计显著性。回归方程（R5-1）显示 $R_{adj}^2$ 最大年份，由 $lnHP_{MEEQ2000}$、$lnHP_{CHEM2000}$、$lnHP_{LME2000}$ 作为解释变量，$PPVR\text{-}manu_{2007}$ 作为被解释变量的跨年回归方程的回归参数和关联统计检验参数。$P(F_{W-T})$、$P(t_{ADF(resid)})$ 分别是残差系列怀特异方差性、ADF检验的结果。

$$PPVR\text{-}manu_{2007} = -4.486 + 0.774 lnHP_{MEEQ2000} + 0.497 lnHP_{CHEM2000}$$
$$+ 0.149 lnHP_{LME2000} \quad (n=41) \quad (R5-1)$$

$R_{adj}^2 = 0.577$，$P(F, t_{b0}, t_{b1}, t_{b2}, t_{b3}) = (0, 0, 0.001, 0.123, 0.194)$，
$P(F_{W-T}) = 0.132$，$P(t_{ADF(resid)}) = 0$

如式（R5-1）所示，各自变量中以机电装备对数化出口占比回归系数最大，统计显著性最高。

**2. 发展中样本经济体的回归方程**

按照同于获取（R5-1）的方法，但将回归样本局限在发展中截面样本经济体的范围，获得回归方程（R5-2）。如式（R5-2）所示，只有机电装备、轻机电、钢铁三产业占比的回归系数表现出统计显著性，以机电装备占比指标 $lnHP_{MEEQ2000}$ 回归系数更大。

$$PPVR\text{-}manu_{2007} = -3.293 + 0.393 lnHP_{MEEQ2000} + 0.160 lnHP_{LME2000}$$
$$+ 0.222 lnHP_{IRST2000} \quad (n=24) \quad (R5-2)$$

$R_{adj}^2 = 0.509$, $P(F, t_{b0}, t_{b1}, t_{b2}, t_{b3}) = (0.001, 0, 0.125, 0.193, 0.062)$,
$P(F_{W-T}) = 0.998$, $P(t_{ADF(resid)}) = 0$

### 3. 发达样本经济体的回归方程

继续按类似方法,将回归样本局限在发达截面样本经济体的范围,获得回归方程(R5-3)。如式(R5-3)所示,与(R5-1)类似,机电装备、轻机电、化工制药三产业占比的回归系数表现出统计显著性,以机电装备占比指标 $lnHP_{MEEQ2000}$ 回归系数更大,统计显著性更高。与(R5-1)不同之处在于,发达经济体以当年的制造业产值水平率(PPVR-manu)作为应变量可决系数更高。这主要是由于发达经济体的制造业结构变化会很快传导到汇率上去,并使当年制造业名义产值发生变化。

$$PPVR\text{-}manu_{2000} = -3.686 + 0.620 lnHP_{MEEQ2000} + 0.400 lnHP_{LME2000}$$
$$+ 0.307 lnHP_{CHEM} \quad (n = 17) \quad (R5-3)$$

$R_{adj}^2 = 0.552$, $P(F, t_{b0}, t_{b1}, t_{b2}, t_{b3})$
$= (0.004, 0, 0.006, 0.011, 0.106)$,
$P(F_{W-T}) = 0.164$, $P(t_{ADF(resid)}) = 0.019$

## (二) 多个对数化出口占比指标解释经济体创新活跃度指数的回归方程

### 1. 全部样本经济体的回归方程

以2000年所有对数化产业出口占比为自变量,分别以自2000年开始若干年的创新活跃度指数(PCIPI)为应变量,通过搜索式回归,发现就大多数年份而言,初始回归都是机电装备、化工制药、轻机电三占比表现出统计显著性,汽车占比接近表现出统计显著性,同时 $P(F_{W-T})$ 接近0,表明回归方程存在严重的异方差性。经以 $1/abs(resid)$ (残差绝对值的倒数)为权重加权回归,机电装备、化工制药、轻机电、汽车四占比均表现出高统计显著性。如方程式（R5-4）所示，以 $\ln HP_{MEEQ2000}$、$\ln HP_{CHEM2000}$、$\ln HP_{LME2000}$、$\ln HP_{AUTO2000}$ 为自变量，以 $PCIPI_{2004}$ 为应变量的首次回归方程参数（该方程在应变量年份对比中 $R_{adj}^2$ 最大），方程式（R5-4）'显示加权回归的方程参数。不论是修正前还是修正后，回归系数大小排序依次都是机电装备、化工制药、轻机电、汽车。

$$PCIPI_{2004} = -7.052 + 1.248\ln HP_{MEEQ2000} + 0.834\ln HP_{CHEM2000} \\ + 0.358\ln HP_{LME2000} + 0.192\ln HP_{AUTO2000} \quad (n=41)$$

（R5-4）

$R_{adj}^2 = 0.558$，$P(F, t_{b0}, t_{b1}, t_{b2}, t_{b3})$
$= (0, 0, 0.057, 0.047, 0.167, 0.362)$，$P(F_{W-T}) = 0$

$$PCIPI_{2004} = -7.671 + 1.333\ln HP_{MEEQ2000} + 0.887\ln HP_{CHEM2000} \\ + 0.455\ln HP_{LME2000} + 0.164\ln HP_{AUTO2000} \quad (n=41)$$

（R5-4）'

$R_{adj}^2 = 0.925$，$P(F, t_{b0}, t_{b1}, t_{b2}, t_{b3}) = (0, 0, 0, 0, 0, 0)$，
$P(t_{ADF(resid)}) = 0$

**2. 发展中样本经济体的回归方程**

按照同于获取（R5-1）的方法，但将回归样本局限在发展中截面样本经济体的范围，获得回归方程。试验发现，由于发展中样本经济体机电装备、化工制药、轻机电、汽车四产业占比之间的多重共线性，四变量放在一起会相互影响回归系数的统计显著性。经以 1/abs(resid)（残差绝对值的倒数）为权重加权回归，则四占比均表现出高统计显著性。如方程式（R5-5）显示以 $\ln HP_{MEEQ2000}$、$\ln HP_{CHEM2000}$、$\ln HP_{LME2000}$、$\ln HP_{AUTO2000}$ 为自变量，以 $PCIPI_{2004}$ 为应变量的首次回归方程参数（该方程在应变量年份对比中 $R_{adj}^2$ 最大），方程式（R5-5）'显示加权回归的方程参数。就发展中经济体样本而言，不论是修正前还是修正后，各产业占比回归系数大小排序依次都是机电装备、化工制药、汽车、轻机电。

## 第五章 关于制造业结构变动和其他经济变量关系的进一步考察

$$PCIPI_{2004} = -5.435 + 0.606\ln HP_{MEEQ2000} + 0.408\ln HP_{CHEM2000}$$
$$+ 0.357\ln HP_{AUTO2000} + 0.316\ln HP_{LME2000} \quad (n=24)$$

(R5-5)

$R_{adj}^2 = 0.360$,  $P(F, t_{b0}, t_{b1}, t_{b2}, t_{b3})$
$= (0.012, 0.004, 0.596, 0.516, 0.331, 0.439)$,
$P(F_{W-T}) = 0.559$

$$PCIPI_{2004} = -5.780 + 0.656\ln HP_{MEEQ2000} + 0.524\ln HP_{CHEM2000}$$
$$+ 0.378\ln HP_{AUTO2000} + 0.288\ln HP_{LME2000} \quad (n=24)$$

(R5-5)′

$R_{adj}^2 = 0.967$,  $P(F, t_{b0}, t_{b1}, t_{b2}, t_{b3}) = (0, 0, 0, 0.004, 0, 0)$,
$P(t_{ADF(resid)}) = 0.001$

**3. 发达样本经济体的回归方程**

继续按类似方法,将回归样本局限在发达中截面样本经济体的范围,获得回归方程。试验发现,和(R5-4)、(R5-5)及其修正方程(R5-4)′、(R5-5)′相比,汽车占比在发达样本经济体回归过程中通常不能表现出统计显著性。式(R5-6)显示$R_{adj}^2$最大年份回归方程的回归参数和统计检验参数。回归系数大小排序分别是机电装备、轻机电、化工制药。

$$PCIPI_{2002} = -7.824 + 1.614\ln HP_{MEEQ2000} + 1.063\ln HP_{LME2000}$$
$$+ 0.430\ln HP_{CHEM2000} \quad (n=17) \quad (R5-6)$$

$R_{adj}^2 = 0.610$,  $P(F, t_{b0}, t_{b1}, t_{b2}, t_{b3})$
$= (0.001, 0.001, 0.002, 0.004, 0.297)$,
$P(F_{W-T}) = 0.449$,  $P(t_{ADF(resid)}) = 0.002$

## 四、典型经济体占比指标和其他量化指标时间序列的格兰杰因果检验

在跨越者、未跨越者、发达经济体中选择若干典型,以机电装

备、轻机电出口占比的对数化变量 $lnHP_{MEEQ}$、$lnHP_{LME}$的一阶差分变量时间时序，分别都和制造业产值水平率（PPVR-manu）、创新活跃度指数（PCIPI）、收入水平率（PIR）的一阶差分变量的时间序列数据开展格兰杰因果检验，并列示相对有意义的检验结果。先分别求取各典型经济体 $lnHP_{MEEQ}$、$lnHP_{LME}$、PPVR-manu、PCIPI、PIR 的一阶差分变量 $\Delta lnHP_{MEEQ}$、$\Delta lnHP_{LME}$、$\Delta$PPVR-manu、$\Delta$PCIPI、$\Delta$PIR。就上述变量在 1981~2015 年的时间序列做 ADF 单位根检验，以确认上述变量为不包含单位根的平稳序列，检验结果显示上述一阶差分变量系列均为平稳序列（检验参数列示从略）。然后，在两出口产业占比变量的一阶差分变量 $\Delta lnHP_{MEEQ}$、$\Delta lnHP_{LME}$ 和变量 $\Delta$PPVR-manu、$\Delta$PCIPI、$\Delta$PIR 之间两两组合，开展格兰杰因果检验。相关有意义的检验结果分经济体列示。其中 P（F）标识拒绝因果假设的概率。

（一）发展中经济体

**1. 中国台湾地区**

检验结果如表 5-6 所示。在经搜索辨识获得的时期上，除"$\Delta lnHP_{LME} \rightarrow \Delta PIR$"假定统计显著性略显不足（P(F)=0.087）之外，关于对数化机电装备、轻机电出口占比分别影响制造业产值水平率（PPVR-manu）、创新活跃度指数（PCIPI）、收入水平率（PIR）的因果关系假设，其拒绝概率均较低（<0.05）。

**2. 韩国**

检验结果如表 5-7 所示。在经搜索辨识获得的时期上，关于对数化机电装备、轻机电出口占比分别影响制造业产值水平率（PPVR-manu）、创新活跃度指数（PCIPI）、收入水平率（PIR）的因果关系假设，其拒绝概率均较低（<0.05）。

# 第五章 关于制造业结构变动和其他经济变量关系的进一步考察

表 5-6　中国台湾地区两对数化出口占比变量和其他量化变量的格兰杰因果关系检验

| 时期 | 因果假设 | 滞 | P(F) | 时期 | 因果假设 | 滞 | P(F) |
| --- | --- | --- | --- | --- | --- | --- | --- |
| 1994~2015 | $\Delta lnHP_{MEEQ} \to \Delta PPVR\text{-}manu$ | 4 | 0.005 | 1987~2015 | $\Delta lnHP_{LME} \to \Delta PPVR\text{-}manu$ | 1 | 0.04 |
| 1994~2015 | $\Delta lnHP_{MEEQ} \to \Delta PIR$ | 4 | 0.032 | 1995~2015 | $\Delta lnHP_{LME} \to \Delta PIR$ | 1 | 0.087 |
| 1996~2015 | $\Delta lnHP_{MEEQ} \to \Delta PCIPI$ | 1 | 0.040 | 1992~2015 | $\Delta lnHP_{LME} \to \Delta PCIPI$ | 7 | 0.020 |

资料来源：基于 UN Comtrade、联合国贸发会议（UNCTAD）、世界知识产权组织（WIPO）数据建模结果。

表 5-7　韩国两对数化占比变量和其他量化变量的格兰杰因果关系检验

| 时期 | 因果假设 | 滞 | P(F) | 时期 | 因果假设 | 滞 | P(F) |
| --- | --- | --- | --- | --- | --- | --- | --- |
| 1987~2015 | $\Delta lnHP_{MEEQ} \to \Delta PPVR\text{-}manu$ | 2 | 0.009 | 1982~2015 | $\Delta lnHP_{LME} \to \Delta PPVR\text{-}manu$ | 2 | 0.023 |
| 1987~2015 | $\Delta lnHP_{MEEQ} \to \Delta PIR$ | 2 | 0.002 | 1982~2015 | $\Delta lnHP_{LME} \to \Delta PIR$ | 2 | 0.037 |
| 1988~2015 | $\Delta lnHP_{MEEQ} \to \Delta PCIPI$ | 1 | 0.033 | 1982~2015 | $\Delta lnHP_{LME} \to \Delta PCIPI$ | 2 | 0.047 |

资料来源：基于 UN Comtrade、联合国贸发会议（UNCTAD）、世界知识产权组织（WIPO）数据建模结果。

## 3. 马来西亚

检验结果如表 5-8 所示。以 1981~2015 年为检验时期，关于对数化机电装备、轻机电出口占比分别影响制造业产值水平率（PPVR-manu）、创新活跃度指数（PCIPI）、收入水平率（PIR）的因果关系假设，其拒绝概率均较低（≤0.053）。

表5-8　马来西亚两对数化占比变量和其他量化变量的格兰杰因果关系检验

| 时期 | 因果假设 | 滞 | P(F) | 时期 | 因果假设 | 滞 | P(F) |
|---|---|---|---|---|---|---|---|
| 1981~2015 | $\Delta lnHP_{MEEQ} \to \Delta PPVR\text{-}manu$ | 5 | 0.008 | 1981~2015 | $\Delta lnHP_{LME} \to \Delta PPVR\text{-}manu$ | 1 | 0.014 |
| 1981~2015 | $\Delta lnHP_{MEEQ} \to \Delta PIR$ | 5 | 0.053 | 1995~2015 | $\Delta lnHP_{LME} \to \Delta PIR$ | 1 | 0.028 |
| 1981~2015 | $\Delta lnHP_{MEEQ} \to \Delta PCIPI$ | 4 | 0.002 | 1995~2015 | $\Delta lnHP_{LME} \to \Delta PCIPI$ | 1 | 0.009 |

资料来源：基于UN Comtrade、联合国贸发会议（UNCTAD）、世界知识产权组织（WIPO）数据建模结果。

### 4. 墨西哥

检验结果如表5-9所示。在经搜索辨识获得的时期上，关于对数化机电装备、轻机电出口占比分别影响制造业产值水平率（PPVR-manu）、创新活跃度指数（PCIPI）、收入水平率（PIR）的因果关系假设，拒绝概率均较低（≤0.054）。

表5-9　墨西哥两对数化占比变量和其他量化变量的格兰杰因果关系检验

| 时期 | 因果假设 | 滞 | P(F) | 时期 | 因果假设 | 滞 | P(F) |
|---|---|---|---|---|---|---|---|
| 1981~2015 | $\Delta lnHP_{MEEQ} \to \Delta PPVR\text{-}manu$ | 3 | 0.004 | 1990~2015 | $\Delta lnHP_{LME} \to \Delta PPVR\text{-}manu$ | 4 | 0.018 |
| 1981~2015 | $\Delta lnHP_{MEEQ} \to \Delta PIR$ | 3 | 0.001 | 1990~2015 | $\Delta lnHP_{LME} \to \Delta PIR$ | 4 | 0 |
| 1993~2015 | $\Delta lnHP_{MEEQ} \to \Delta PCIPI$ | 3 | 0.054 | 1984~2015 | $\Delta lnHP_{LME} \to \Delta PCIPI$ | 8 | 0.008 |

资料来源：基于UN Comtrade、联合国贸发会议（UNCTAD）、世界知识产权组织（WIPO）数据建模结果。

### 5. 土耳其

检验结果如表5-10所示。拟检验因果关系和上文其他经济体

# 第五章 关于制造业结构变动和其他经济变量关系的进一步考察

类同。部分 P（F）大于 0.05，但小于 0.1，土耳其检验的统计显著性稍逊于前面三个经济体。

表 5-10 土耳其两对数化占比变量和其他量化变量的格兰杰因果关系检验

| 时期 | 因果假设 | 滞 | P(F) | 时期 | 因果假设 | 滞 | P(F) |
|---|---|---|---|---|---|---|---|
| 1985~2015 | $\Delta\ln HP_{MEEQ} \to \Delta PPVR\text{-}manu$ | 2 | 0.084 | 1990~2015 | $\Delta\ln HP_{LME} \to \Delta PPVR\text{-}manu$ | 2 | 0.071 |
| 1981~2015 | $\Delta\ln HP_{MEEQ} \to \Delta PIR$ | 2 | 0.051 | 1981~2015 | $\Delta\ln HP_{LME} \to \Delta PIR$ | 8 | 0.075 |
| 1993~2015 | $\Delta\ln HP_{MEEQ} \to \Delta PCIPI$ | 2 | 0.039 | 1981~2015 | $\Delta\ln HP_{LME} \to \Delta PCIPI$ | 3 | 0.020 |

资料来源：基于 UN Comtrade、联合国贸发会议（UNCTAD）、世界知识产权组织（WIPO）数据建模结果。

## （二）发达经济体

### 1. 德国

检验结果如表 5-11 所示。其中搜索得到的相关时期上关于拒绝假定 $\Delta\ln HP_{MEEQ} \to \Delta PIR$、$\Delta\ln HP_{MEEQ} \to \Delta PCIPI$、$\Delta\ln HP_{LME} \to \Delta PPVR\text{-}manu$，统计显著性稍显不足（>0.5）；关于其他因果关系假定，拒绝概率均小于 0.5。

表 5-11 德国两对数化占比变量和其他量化变量的格兰杰因果关系检验

| 时期 | 因果假设 | 滞 | P(F) | 时期 | 因果假设 | 滞 | P(F) |
|---|---|---|---|---|---|---|---|
| 1994~2006 | $\Delta\ln HP_{MEEQ} \to \Delta PPVR\text{-}manu$ | 2 | 0.035 | 1981~2015 | $\Delta\ln HP_{LME} \to \Delta PPVR\text{-}manu$ | 1 | 0.079 |
| 1994~2015 | $\Delta\ln HP_{MEEQ} \to \Delta PIR$ | 2 | 0.081 | 1991~2015 | $\Delta\ln HP_{LME} \to \Delta PIR$ | 7 | 0.023 |
| 1996~2015 | $\Delta\ln HP_{MEEQ} \to \Delta PCIPI$ | 1 | 0.148 | 1991~2015 | $\Delta\ln HP_{LME} \to \Delta PCIPI$ | 4 | 0.046 |

资料来源：基于 UN Comtrade、联合国贸发会议（UNCTAD）、世界知识产权组织（WIPO）数据建模结果。

## 2. 日本

检验结果如表5-12所示。在经搜索辨识获得的时期上，拒绝各因果假定的概率均较低（≤0.057）。

表5-12　日本两对数化占比变量和其他量化变量的格兰杰因果关系检验

| 时期 | 因果假设 | 滞 | P(F) | 时期 | 因果假设 | 滞 | P(F) |
|---|---|---|---|---|---|---|---|
| 1981~2005 | $\Delta \ln HP_{MEEQ} \to \Delta PPVR\text{-}manu$ | 1 | 0.038 | 1981~2015 | $\Delta \ln HP_{LME} \to \Delta PPVR\text{-}manu$ | 3 | 0.004 |
| 1981~2015 | $\Delta \ln HP_{MEEQ} \to \Delta PIR$ | 1 | 0.057 | 1981~2015 | $\Delta \ln HP_{LME} \to \Delta PIR$ | 3 | 0.007 |
| 1981~2015 | $\Delta \ln HP_{MEEQ} \to \Delta PCIPI$ | 4 | 0.008 | 1981~2015 | $\Delta \ln HP_{LME} \to \Delta PCIPI$ | 2 | 0 |

资料来源：基于UN Comtrade、联合国贸发会议（UNCTAD）、世界知识产权组织（WIPO）数据建模结果。

## 五、本章总结和评论

### （一）总结

（1）关于"很高"收入经济体出口额的产业增长点。通过出口增加额的产业占比分析看到，1985~2008年，机电装备是各国普遍最耐受高要素成本冲击的出口增长点，至于其他产业的要素成本耐受程度，则各经济体互有不同，通常都是化工制药、汽车、轻机电、其他制造品排在前面。

（2）关于跨越者跨越关键期的出口产业增长点。轻机电、机电装备是所有跨越者关键期的重要的出口产业增长点。其中中国台湾地区、韩国、捷克轻机电增量额占比分别为29.4%、29.0%、17.6%，机电装备出口增量额的占比分别为19.5%、22.1、21%。

## 第五章 关于制造业结构变动和其他经济变量关系的进一步考察

捷克轻机电占比增量占比相对另两者较低，主要原因是2000年后，全球范围轻机电产品的资本、技术密度在逐渐下降。

(3) 关于从出口增长态势角度解释未跨越者为什么会错失可能的跨越机遇。观察未跨越者最近一次年度PIR越过0或接近0之后的10年期，发现其期末期初出口倍率普遍大幅低于跨越者关键期的倍率；且轻机电、机电装备都没有同时成为大份额出口产业增长点。另外，阿根廷、马来西亚、墨西哥三者仍是非制造品承担出口增量额很大份额。

(4) 关于制造业产值相对高度和对数化出口产业占比的相关分析。基于全球截面样本，经多次跨年相关分析显示，总是机电装备出口占比相关系数最高，而不同跨年组合下，汽车、化工制药、其他制造业、轻机电的出口产业占比的相关程度排序则会表现出差别。

(5) 关于技术创新活跃程度和对数化出口产业占比的相关分析。基于全球截面样本，多次跨年相关分析显示，通常机电装备、汽车、轻机电出口占比的相关系数排在前面。

(6) 关于对数化出口产业占比指标解释制造业产值水平率的回归分析。全部样本以机电装备、化工制药、轻机电三占比指标表现出统计显著性，发展中经济体样本有机电装备、轻机电、钢铁三产业占比表现出统计显著性，发达经济体样本有机电装备、轻机电、化工制药三产业占比表现出统计显著性。上述三种样本方式，均以机电装备出口占比指标回归系数最大，统计显著性最高。

(7) 关于对数化出口产业占比解释度创新活跃度指数的回归分析。经相应处理，全部样本和发展中经济体都是机电装备、化工制药、轻机电、汽车的出口占比指标表现出统计显著性；发达经济体则是机电装备、轻机电、化工制药出口占比表现出统计显著性。上述三种样本方式，均以机电装备出口占比回归系数最大。

(8) 关于出口占比指标和其他量化指标的因果关系检验。基于典型经济体的数据，经选择适当时期和时滞，机电装备、轻机电出口占比的对数化指标（一阶差分变量）影响制造业产值水平率（PPVR-manu）、创新活跃度指数（PCIPI）、收入水平率（PIR）（均为一阶差分变量）的因果关系均具有不能拒绝的统计显著性。

(二) 评论

基于本章实证分析，可做以下评论。

(1) 对所有非特定禀赋经济体，机电装备占比指标对衡量结构变迁具有重要意义。实证结果显示，工业型经济体的制造业产值相对高度和机电装备出口占比的相关系数最大，机电装备类别是发达经济体出口额耐受全球化冲击的最大份额产业增长点，也是非特定禀赋发展中经济体跨越中等收入陷阱进程的大份额产业增长点。实证结果还表明，就对制造业产值相对高度指标、创新活跃度指标做出多变量解释时，不论是发达经济体样本还是发展中经济体样本，都是机电装备出口占比回归系数最大、统计显著性最高。另外，多经济体比较观测发现，所有通过正常工业化实现中等收入阶段跨越的经济体，即上文已详细陈述其出口结构趋势的韩国、中国台湾地区、捷克，其机电装备出口占比都上升到高水平，而所有机电占比在15%以下的经济体，无一突破中等收入发展阶段。理论机制上的分析也佐证机电出口占比的相对重要性。"机电装备"类别，涵盖的绝大部分是第二产业（工业和建筑业）的中间投入品。一个经济体"机电装备产业"出口占比能上升到一定高度，表明其生产链条延伸充分，工业化也深入到一定层次，由此该经济体能以富有竞争力的中间产品，在全球范围获取国际市场规模收益，自然，其收入水平也将得以迈上新台阶。

(2) 对发展中经济体中等收入陷阱跨越而言，轻机电出口占比

## 第五章 关于制造业结构变动和其他经济变量关系的进一步考察

上升也具有重要意义。轻机电类别，是中国台湾地区、韩国跨越关键期位居第一的出口产业增长点，同时轻机电占比在发展中经济体样本多变量解释制造业相对高度指标、创新活跃度指标中都表现出统计显著性，基于典型发展中经济体的数据，轻机电出口占比和制造业相对高度指标、创新活跃度指标、收入水平率指标的因果关系假设检验具有统计显著性。当然，随着全球化进程推进和全球产业重组，轻机电产业的技术和资本密集程度会逐渐降低。因此，相比跨越关键期处在 20 世纪 80 年代的中国台湾地区、韩国，跨越关键期在 2000~2008 年的捷克，轻机电出口增量额虽然也占有较大份额，但却显著低于中国台湾地区、韩国的关键期同类份额。

（3）制造业结构变迁在工业化进程、在中等收入陷阱跨越中具有关键重要性。本章的实证结果，再次论证制造业出口结构变动，对经济体制造业出口、生产规模增长的关键重要性。除此之外，通过相关、回归分析和因果关系检验，本章还论证了制造业结构变动对技术创新的重要性。因此，制造业结构变迁，确实是发展中经济体工业化和中等收入陷阱跨越的关键环节。

# 第六章

# 截面回归建模与分析（一）：出口产业占比

上两章已论证制造业结构变动对出口规模、创新成果、收入水平增长的重要性和关键性。在以上认识基础上，以下两章拟选择三方面关键工业化特征的量化变量——出口产业占比（对数化）、总本地出口额（对数化）、创新活跃度——和收入水平率之间进行截面回归建模，并由此开展赶超度比较。上述分析将论证，只有关键工业化特征变量和收入水平变量之间形成亦步亦趋的良性互动发展关系，经济体才能跨越中等收入陷阱。截面回归和赶超度分析，还将分侧面揭示跨越中等收入陷阱所要求的工业化数量特征。

## 一、截面方程形式和单变量赶超度分析的方法和步骤

### （一）截面方程形式和截面回归操作的相关问题

本研究拟构建关于工业化特征指标和 PIR 的截面回归方程。方法和操作要点如下。

## 第六章 截面回归建模与分析（一）：出口产业占比

**1. 方程形式的借鉴**

方程基本形式借鉴钱纳里等人（1975；中译本，1988）。该文献认为，生产、需求、贸易等各方面变化，是经济发展有机组成部分，为此，钱纳里等人建立以人均收入水平为基本自变量，27个结构变量为因变量的回归方程（以下称钱纳里方程），其基本形式如式（6-1）所示。

$$X = \alpha + \beta_1 \ln Y + \beta_2 (\ln Y)^2 + \gamma_1 \ln N + \gamma_2 (\ln N)^2 + \sum \Delta_j T_j$$
(6-1)

X为结构变量，Y为人均收入，N为经济体人口，$T_j$为时期。

回归方程基于同年经济体组成的截面样本。通过回归得到每一结构变量随人均收入增长而变化的逻辑曲线，并推论所谓"正常发展型式"。钱纳里等人还设计贸易趋向指数（TO）来度量单个经济体贸易结构型式相比（由回归方程式给出）"标准型式"的偏离，而这也给本研究设计赶超度指标提供了启示。

**2. 因变量**

因变量为工业化特征指标，记为$ICI_i$，具体表现为以下三种。

（1）对数化出口产业占比。如不定某产业，对数化占比记为$\ln HP_{industry}$，具体体现为$\ln HP_{MEEQ}$（机电装备出口占比的对数化指标，以下只列出产业名称）、$\ln HP_{LME}$（轻机电）、$\ln HP_{AUTO}$（汽车）、$\ln HP_{CHEM}$（化工制药）、$\ln HP_{IRST}$（钢铁）、$\ln HP_{TEXT}$（纺织）、$\ln HP_{CLO}$（服装）、$\ln HP_{OTHM}$（其他制造品）。

（2）对数化本地出口规模（DEV）。本地出口规模是指经济体总出口额减去转口出口额。

（3）创新活跃度指数（PCIPI）。见第四章第三节的定义。

**3. 自变量**

（1）收入水平率（PIR）。区别于钱纳里方程以不变价人均

GNP作自变量，本研究采用收入水平率（PIR）作为基本自变量。原因在于：PIR动态能更直观反映经济体发展阶段变化；PIR是无量纲变量，基于PIR为自变量的回归结果，在历史维度上更具可比性，更便于开展后续运算；试回归表明，相比于人均GDP或其他收入水平量化变量，其统计检验效果更好。

（2）人口数量。用作辅助自变量。人口数量以百万为单位，取对数后变量记做$\ln(N_p)$。

### 4. 方程形式

截面方程最初一般形式如式（6-2）所示。

$$ICI_i = b_0 + b_1 PIR + b_2 (PIR)^2 + b_3 \ln(N_p) + b_4 (\ln(N_p))^2 \quad (6-2)$$

在实际回归操作中，研究者发现，即使就某些$ICI_i$在部分年份上的截面回归，$(PIR)^2$、$(\ln(N_p))^2$的回归系数能表现出统计显著性，其显著性也较微弱（关于$b=0$的假设，$P(t_b) > 0.1$），且并不是所有年份上$(PIR)^2$、$(\ln(N_p))^2$回归系数都表现出统计显著性。并且，只保留线性自变量PIR、$\ln(N_p)$更有利于在后续赶超度时期均值解释PIR变动的回归分析中，赶超度变量回归系数表现出统计显著性。因此，从全部观察期截面回归方程形式统一角度，也从有利于后续赶超度分析角度，实际操作时使用的截面回归方程统一形式如式（6-2）′所示。

$$ICI_i = b_0 + b_1 PIR + b_2 \ln(N_p) \quad (6-2)′$$

### 5. 怀特异方差性检验和截面方程的修正回归

如莱文和雷尼尔特（Levine & Renelt, 1992）指出，异方差性问题是经济数据横截面回归（cross-section regression）分析中最常见问题。为此，对所有建立的回归方程都用E-Views软件进行怀特异方差性检验（White heteroskedasticity test），设定检验F概率临界值为0.10。规定在以下情况下对$ICI_i$-PIR截面方程进行修正。修正方法是加权最小二乘法（WLS）回归，权重为初次回归方程残差绝对值的倒数（1/abs（resid））。

（1）未能通过检验（"同方差"假设检验概率 P<0.10）。

（2）加权回归修正后，能将式（6-2）'中回归系数 $b_1$、$b_2$ 的 t 检验结果显著改善的。具体标准是关于 b=0 的假设，$P(t_b)>0.1$ 改善至 $P(t_b)<0.1$。

（二）赶超度分析

**1. 基本原理**

（1）经济体要成功实现赶超发展（跨越中等收入陷阱），需要关键工业化特征指标和收入水平上升之间维系亦步亦趋的良性互动关系。体现在，随着相对收入上升，关键工业化特征指标也保持上升趋势或较高水平。否则，收入水平提升就可能在某方面得不到正常动力支持，从而导致收入水平上升进程中断。如第四、第五章已揭示的，跨越者关键工业化特征的量化指标，或随着收入水平提升而不断提升，或一直保持相对较高高度。因而，上述原理一定程度已得到初步验证。以下赶超度分析将进一步予以深入验证。

（2）全球化背景下，经济体工业化质量的评判，需要放到全球工业型经济体竞争格局的大背景中。由于全球市场的开放性和竞争性，工业化质量高低的直接表现就是制造业部门是否有国际竞争力，而竞争力的评判，只能以全球所有竞争伙伴的平均情况作为标准。由此，评判工业化质量的某一方面关键特征指标，是否和相对收入水平相匹配，是否和相对收入形成良性互动关系，衡量和判断的基准应该是全球工业型经济体该项指标和相对收入水平关系的平均形态。

（3）截面回归度量了工业化特征指标和相对收入水平关系的平均形态。按截面回归数学原理，基于全球截面样本，以 PIR 为自变量，以 $ICI_i$ 为因变量的 $ICI_i$-PIR 截面回归结果，度量了所属时间截面上所有样本经济体 $ICI_i$-PIR 关系的平均形态。

（4）关键工业化特征指标实际值和截面回归拟合值的比较，度量了相应工业化特征和 PIR 的匹配关系是否良性。如果经济体关键某项 $ICI_i$ 变量高于以本经济体收入水平率（PIR）为自变量计算出来拟合值 $ICI_{i拟}$，则表明在全球工业化进程的竞争中，该经济体 $ICI_i$ 所表征的该项关键工业化特征，实现正赶超。反之，则称之为负赶超，负赶超则意味着从全球竞争视角，该项 $ICI_i$ 所表征的经济体工业化某侧面特征相对落后。

**2. 赶超度指标设计**

某年某 $ICI_i$ 指标的赶超度指标（CDICI）计算式如式（6-3）所示，称该指标为 ICI 指标的赶超度。由于关键 $ICI_i$ 指标随 PIR 指标的上升而上升，因此其 ICI – PIR 截面回归得到的 PIR 回归系数必然为正，这是进行赶超度分析的前提。如果某 ICI – PIR 截面方程 PIR 回归系数为负，则该 ICI 指标可直接排除在"关键 $ICI_i$"指标之外。

$$CDICI_i = ICI_i \text{ 实际值} - ICI_i \text{ 截面方程拟合值}$$
$$= ICI_i - (b_0 + b_1 PIR + b_2 \ln(N_p)) \quad (6-3)$$

**3. 不同经济体赶超度变动态势的观察**

对比观察跨越者、未跨越者在相应历史阶段 $CDICI_i$ 的变动态势，辨识二者赶超度变动态势的差异。

**4. PIR 变动和赶超度时期平均值的回归分析**

就某具体 $ICI_i$ 指标，获得 1980~2015 年所有年份的截面回归方程，并计算得到所有年份的 $ICI_i$ 赶超度指标 $CDICI_{ij}$（其中 j 为年份下标）。就 1995 年及其后的所有年份，先计算 1980 年至概念所有 $CDICI_{ij}$ 的平均值 $AVCDICI_{ij}$（j = 1980~Y，Y 为某具体年份）。再建立如式（6-4）所示的回归方程，观察赶超度时期均值 AVCDI-

# 第六章 截面回归建模与分析（一）：出口产业占比

$CI_i$ 和1980年的 PIR 联合解释 Y 年的 PIR 的回归系数和统计检验参数，并继续开展分析。从理论逻辑上，我们设想那些关键工业化特征指标的正赶超度，是 PIR 提升的正能量，因此回归系数 $b_2$ 将为正，并具有统计显著性。

$$PIR_Y = b_0 + b_1 PIR_{1980} + b_2 AVCDICI_i \quad (6-4)$$

## 二、对数化出口产业占比—PIR 截面回归和赶超度分析

以下，研究者将按照第一节提出的方法和设计步骤，面向1980~2015年，在所有对数化产业占比和收入水平率变量之间建立截面回归方程，并开展赶超度分析（以下均简称各对数化出口占比的赶超度为相应占比对数赶超度）。

### （一）对数化机电装备出口占比—PIR 截面回归方程

**1. 典型年份截面方程回归参数和统计检验参数**

如式（R6-1）、式（R6-2），选择1980、2000两年，列示截面回归方程的回归参数和统计检验参数（以下编号标有"'"号的回归方程，均为经过加权回归修正后的方程）。

$\ln HP_{MEEQ1980} = 1.032 + 0.907 PIR_{1980} + 0.163 \ln N_{p1980}$ （R6-1）
$R^2_{adj} = 0.443$；$Sig(F, t_{b0}, t_{b1}, t_{b2}) = (0, 0.035, 0, 0.240)$；
$n = 41$；$P_{WT}(F) = 0.005$

$\ln HP_{MEEQ1980} = 0.986 + 0.950 PIR_{1980} + 0.163 \ln N_{p1980}$ （R6-1）'
$R^2_{adj} = 0.962$；$Sig(F, t_{b0}, t_{b1}, t_{b2}) = (0, 0, 0, 0)$；$n = 41$

$\ln HP_{MEEQ2000} = 1.580 + 0.488 PIR_{2000} + 0.187 \ln N_{p2000}$ （R6-2）
$R^2_{adj} = 0.481$；$Sig(F, t_{b0}, t_{b1}, t_{b2}) = (0, 0, 0, 0.012)$；
$n = 41$；$P_{WT}(F) = 0.358$

## 2. PIR 的回归系数

如图 6-1 所示，1980~1985 年，PIR 的回归系数大致在 1 附近，从 1986 年开始则持续下降。2015 年已下降至 0.349。下降主要原因是随着全球化进程深入，工业型经济体机电装备出口占比和收入水平的对应关系越来越分散化和多样化，而不是像在 20 世纪 80 年代初期那样，发达经济体和发展中经济体泾渭分明，大部分情况都是二者分别取高、低极端值。

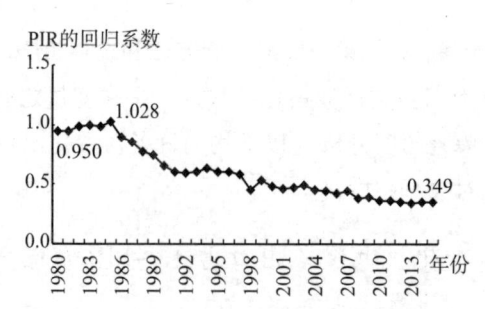

**图 6-1 1980~2015 年 $lnP_{MEEQ}$-PIR 截面回归方程 PIR 回归系数**

资料来源：基于 UN Comtrade、联合国贸发会议（UNCTAD）数据建模结果。

## 3. 典型经济体赶超度变动态势比较和观察

（1）跨越者和未跨越者的比较。如图 6-2 所示，跨越者和未跨越者的机电装备出口占比对数赶超度表现出明显差异。

通常，跨越者机电装备出口占比对数赶超度绝大部分年份都大于 0。三个跨越者的 $CDlnHP_{MEEQ}$ 总体趋于回落。韩国的 $CDlnHP_{MEEQ}$ 在 2005 年后有一定幅度上升。

至于四个 PIR 长期徘徊在 0 附近的未跨越者，则未能做到常年正值。其中，阿根廷一直为负，并且总体高度还趋于下降。马来西亚先为负，1984~2007 年间曾为正，1991 年最高正值曾达到 0.663。墨西哥在 1991 年以前及以前以负值为主，1992 年及以后为

## 第六章 截面回归建模与分析（一）：出口产业占比

正值，1995年达到历史最高值0.918，但从此持续下降。土耳其在1998年及以前以负值为主，1999年及以后在0值上下波动。

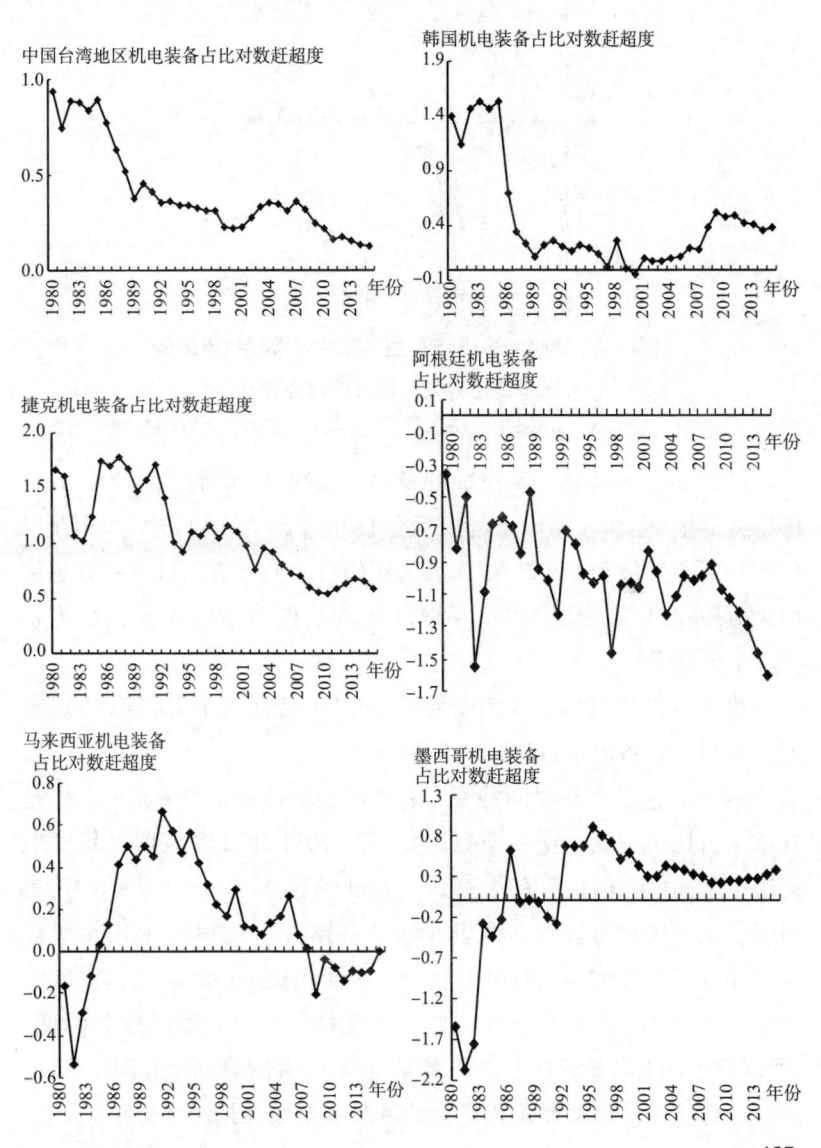

中国台湾地区机电装备占比对数赶超度

韩国机电装备占比对数赶超度

捷克机电装备占比对数赶超度

阿根廷机电装备占比对数赶超度

马来西亚机电装备占比对数赶超度

墨西哥机电装备占比对数赶超度

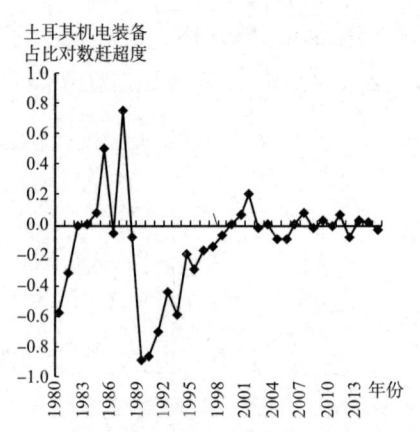

**图 6-2　1980~2015 年典型发展中经济体机电装备
出口占比对数赶超度变动态势**

资料来源：基于 UN Comtrade、联合国贸发会议（UNCTAD）数据建模结果。

（2）发达经济体变动态势的参照。如图 6-3 所示，美国 CDln-$HP_{MEEQ}$常年小于 0。德国该赶超度在 1986 年前为正值，1986 年及以后在 0 值上下波动，2005 年以后为正值且上升显著。日本该赶超度1980~1982 年为正值，1983~2003 年为负值，2004 年及以后为正值且上升显著。

第四章曾观察到，任何关键出口占比指标的上升都有一定限度。就机电装备出口占比而言，2011 年日本占比机电装备出口占比为 29.4%，这是当年时间截面所有样本经济体占比的最高值，也是日本该占比历史最高值。而据图 6-3，2011 年日本该项赶超度取得历史最高值，但也只有 0.35，大幅低于部分发展中经济体的历史高值。从上述对比看到，由于发达经济体人均 GDP 和 PIR 相对较高，并且其经济结构相对服务业化，因而相比正在积极赶超发展的发展中经济体，通常发达经济体工业化特征的赶超度高度会偏低。后续经验素材将继续展示，服务业比重偏大的发达经济体，如美国，其各项工业化特征量化指标的赶超度指标都是持续为负。

### 4. 赶超度时期均值解释 PIR 方程

如回归方程（R6-3）、（R6-4）分别由截面样本经济体中的发展中经济体、发达经济体组成子样本，就赶超度时期平均值解释 PIR 变动开展回归分析。所列示结果均选 $AVCDlnHP_{MEEQ}$ 回归系数表现出最高统计显著性的年份。其中发展中经济体样本为 2004 年，发达经济体样本为 1996 年，可见，发展中经济体机电产业出口占比变动对经济体系的影响时间更长。除此之外，方程（R6-3）相比方程（R6-4）$AVCDlnHP_{MEEQ}$ 的回归系数更大，统计显著性更高，反映出机电装备占比变化对发展中经济体的影响，较对发达经济体的影响更为强烈。

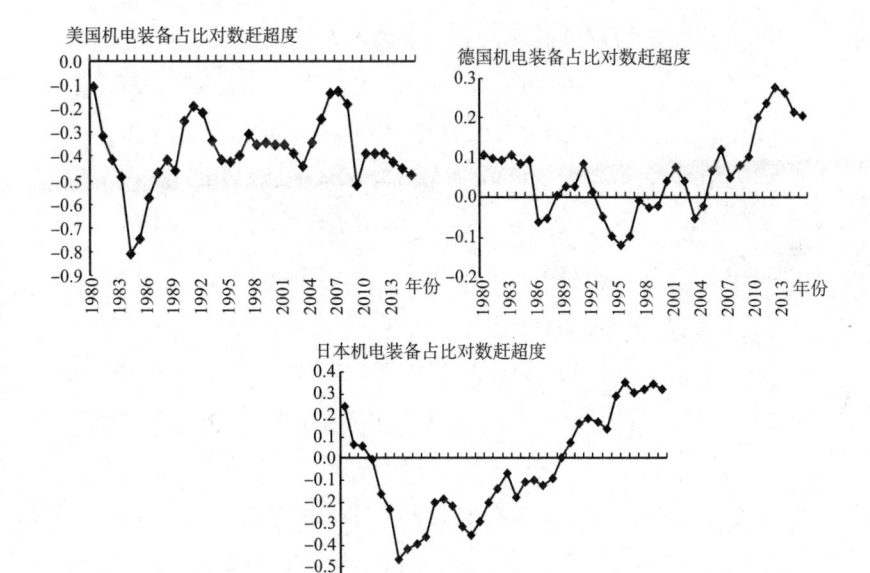

**图 6-3　1980~2015 年典型发达经济体机电装备出口占比对数赶超度变动态势**

资料来源：基于 UN Comtrade、联合国贸发会议（UNCTAD）数据建模结果。

$$PIR_{2004} = -0.070 + 0.778 PIR_{1980} + 0.367 AVCDlnHP_{MEEQ(1980-2004)}$$
(R6-3)

$R^2_{adj} = 0.707$; $Sig(F, t_{b0}, t_{b1}, t_{b2}) = (0, 0.634, 0, 0.009)$;
$n = 24$; $P_{WT}(F) = 0.819$

$$PIR_{1996} = 0.654 + 0.710 PIR_{1980} + 0.202 AVCDlnHP_{MEEQ(1980-1996)}$$
(R6-4)

$R^2_{adj} = 0.800$; $Sig(F, t_{b0}, t_{b1}, t_{b2}) = (0, 0, 0, 0.084)$;
$n = 17$; $P_{WT}(F) = 0.789$

### （二）对数化轻机电出口占比——PIR 截面回归方程

**1. 典型截面方程回归参数和统计检验参数**

式（R6-5）、（R6-6）为 1980、2000 两年截面回归方程。

$$lnHP_{LME1980} = -0.454 + 1.073 PIR_{1980} + 0.216 lnN_{p1980} \quad (R6-5)$$

$R^2_{adj} = 0.43$; $Sig(F, t_{b0}, t_{b1}, t_{b2}) = (0, 0.433, 0, 0.201)$;
$n = 41$; $P_{WT}(F) = 0.073$

$$lnHP_{LME1980} = -0.429 + 1.056 PIR_{1980} + 0.218 lnN_{p1980} \quad (R6-5)'$$

$R^2_{adj} = 0.965$; $Sig(F, t_{b0}, t_{b1}, t_{b2}) = (0, 0, 0, 0)$; $n = 41$

$$lnHP_{LME2000} = 1.174 + 0.487 PIR_{2000} + 0.189 lnN_{p2000} \quad (R6-6)$$

$R^2_{adj} = 0.116$; $Sig(F, t_{b0}, t_{b1}, t_{b2}) = (0, 0.064, 0.011, 0.259)$;
$n = 41$; $P_{WT}(F) = 0.127$

$$ln(P_{LME2000}) = 1.035 + 0.461 PIR_{2000} + 0.228 ln(N_{p2000}) \quad (R6-6)'$$

$R^2_{adj} = 0.940$; $Sig(F, t_{b0}, t_{b1}, t_{b2}) = (0, 0, 0, 0)$; $n = 41$

**2. PIR 的回归系数**

1980~1989 年，PIR 回归系数大致在 1 附近，从 1990 年开始总体持续下降。下降主要原因同样是工业型经济体轻机电出口占比和收入水平对应关系越来越分散化和多样化。

## 3. 典型经济体轻机电出口占比对数赶超度变动态势比较

（1）跨越者和未跨越者的比较。如图 6-4 所示，跨越者和未跨越者该项赶超度表现出明显差异。

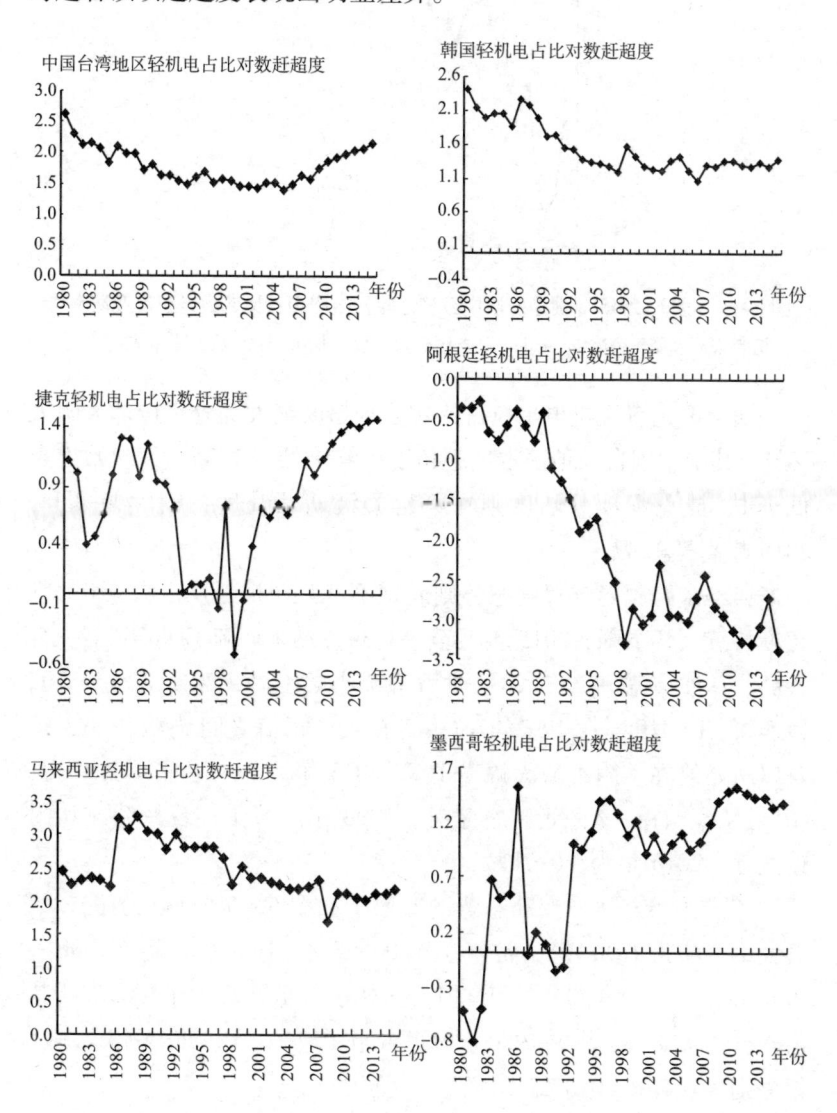

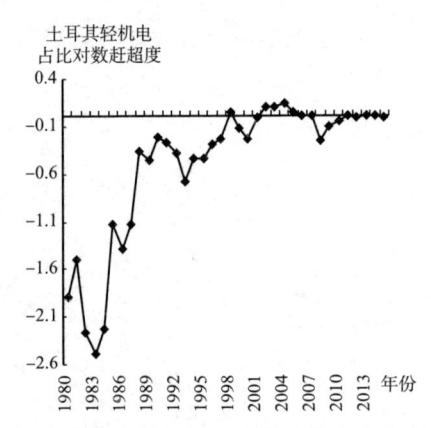

**图6-4 1980~2015年典型发展中经济体轻机电出口占比对数赶超度变动态势**

资料来源：基于 UN Comtrade、联合国贸发会议（UNCTAD）数据建模结果。

通常跨越者轻机电出口占比对数赶超度绝大部分年份都大幅大于0。其中中国台湾地区本项赶超度始终未低于1.35，韩国始终未低于1，捷克本项赶超度则在跨越关键期及其后持续大幅攀升，2015年高至1.47。

典型未跨越者赶超度态势则表现不一。阿根廷从未大于0，赶超度持续大幅下降，2015年低至-3.39。马来西亚 $CDlnHP_{LME}$ 一直较高，1988年曾高至3.28，此后持续小幅下降，2015年为2.20。墨西哥 $CDlnHP_{LME}$ 在1992年前一直在负、正值之间波动，1993年及以后始终在1附近或大幅高于1，2015年为1.37。土耳其 $CDlnHP_{LME}$ 从最初在-2附近持续攀升，1998年后只是实现持续在0附近波动，2015年为-0.011。

（2）发达经济体变动态势的参照。如图6-5所示，美国、德国大部分年份 $CDlnHP_{LME}$ 常年小于0。日本 $CDlnHP_{LME}$ 只在1988~1995年间大部分年份小于0，但负值幅度较低，都大于-0.27，其余年份均大于0，其中1980~1985年在0.77以上，2014年、2015年分别为0.270、0.332。

# 第六章 截面回归建模与分析（一）：出口产业占比

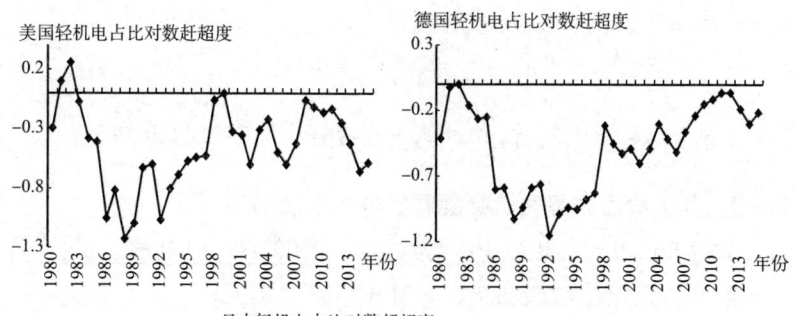

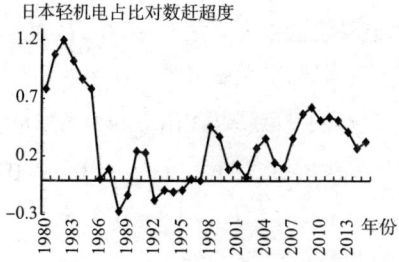

图6-5 1980~2015年典型发达经济体轻机电出
口占比对数赶超度变动态势

资料来源：基于 UN Comtrade、联合国贸发会议（UNCTAD）数据建模结果。

### 4. 赶超度时期均值解释 PIR 方程

回归方程（R6-3）、（R6-4）分别由截面样本经济体中的发展中经济体、发达经济体组成子样本，就赶超度时期均值解释 PIR 变动开展回归分析。所列示结果均选 $AVCDlnHP_{LME}$ 回归系数表现出最高统计显著性的年份。

$$PIR_{2003} = -0.070 + 0.787 PIR_{1980} + 0.188 AVCDlnHP_{LME(1980-2003)}$$

（R6-7）

$$R_{adj}^2 = 0.680; \ Sig(F, t_{b0}, t_{b1}, t_{b2}) = (0, 0.637, 0, 0.016);$$
$$n = 24; \ P_{WT}(F) = 0.116$$

$$PIR_{1998} = 0.589 + 0.768 PIR_{1980} + 0.141 AVCDlnHP_{LME(1980-1998)}$$

（R6-8）

$R_{adj}^2 = 0.846$；$Sig(F, t_{b0}, t_{b1}, t_{b2}) = (0, 0, 0, 0.007)$；
$$n = 17；P_{WT}(F) = 0.253$$

### （三）对数化汽车出口占比—PIR 截面回归方程

**1. 典型截面方程回归参数和统计检验参数**

式（R6-9）、（R6-10）为 1980、2000 两年截面回归方程。

$$\ln HP_{AUTO1980} = -2.229 + 1.407 PIR_{1980} + 0.647 \ln N_{p1980} \quad (R6-9)$$

$R_{adj}^2 = 0.541$；$Sig(F, t_{b0}, t_{b1}, t_{b2}) = (0, 0.001, 0, 0.001)$；
$$n = 41；P_{WT}(F) = 0.322$$

$$\ln HP_{AUTO2000} = -1.623 + 0.974 PIR_{2000} + 0.655 \ln N_{p2000} \quad (R6-10)$$

$R_{adj}^2 = 0.427$；$Sig(F, t_{b0}, t_{b1}, t_{b2}) = (0, 0.015, 0, 0)$；
$$n = 41；P_{WT}(F) = 0.135$$

**2. PIR 的回归系数**

1980~1986 年，PIR 的回归系数大致在 1.6 附近，从 1987 年开始则持续下降。2014 年、2015 年分别为 0.656、0.640。下降主要原因与上文两占比情况类同。

**3. 典型发展中经济体汽车出口占比对数赶超度变动态势比较**

如图 6-6 所示，发展中经济体该项赶超度的大小，和中等收入陷阱跨越之间没有表现出明显联系。自 1986 年以后，跨越者中国台湾地区赶超度常年低于 0，而跨越者韩国和捷克则大部分年份赶超度大于 0。至于未跨越者，阿根廷自 1992 年及以后，墨西哥自 1983 年及以后，土耳其则在大部分年份，该项赶超度大于 0。马来西亚该项赶超度一直为大幅负值。

**4. 赶超度时期均值解释 PIR 方程**

按照方程（6-4）进行试验，不论是发展中经济体样本，还是发达经济体样本，始终未发现任何时期汽车出口占比对数赶超度均值正系数解释 PIR 变动具有统计显著性。

# 第六章 截面回归建模与分析（一）：出口产业占比

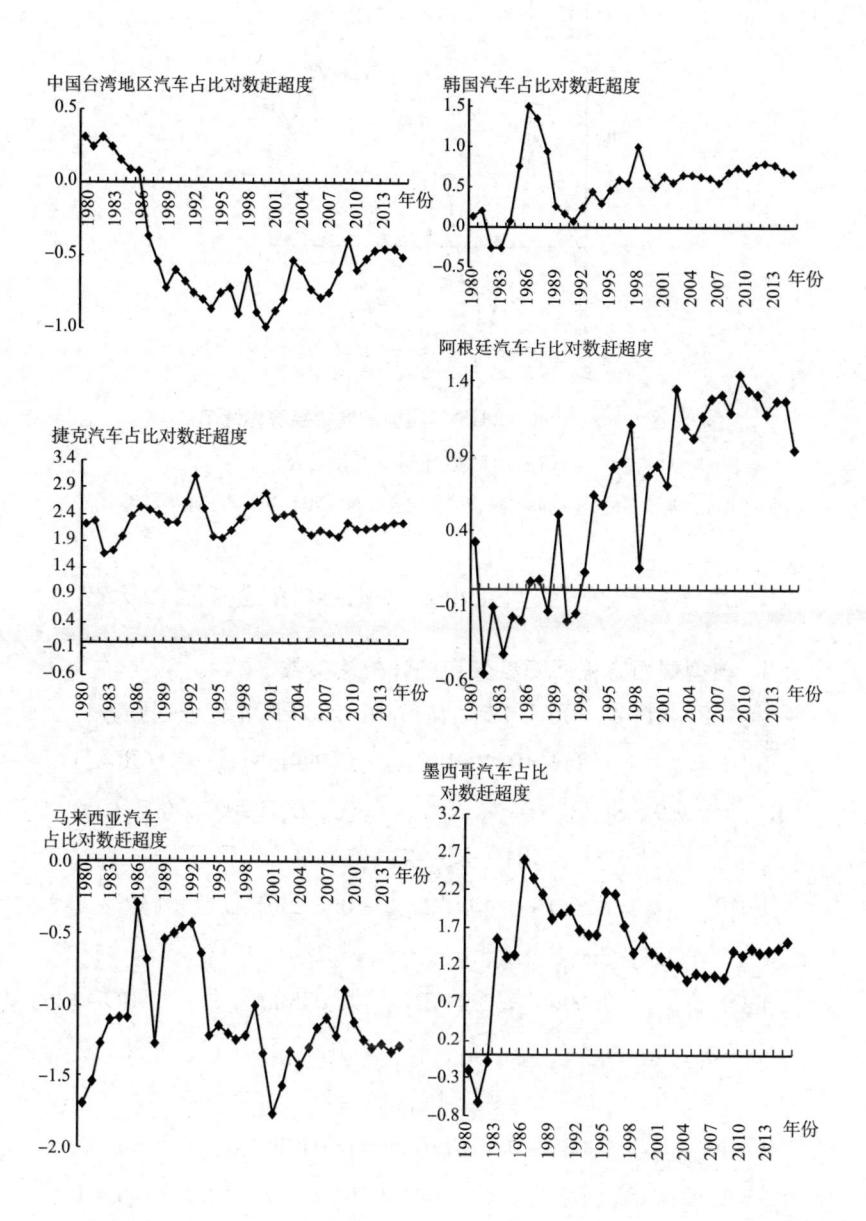

图 6-6　1980~2015 年典型发展中经济体汽车
出口占比对数赶超度变动态势

资料来源：基于 UN Comtrade、联合国贸发会议（UNCTAD）数据建模结果。

## （四）对数化化工制药出口占比—PIR 截面回归方程

**1. 典型截面方程回归参数和统计检验参数**

式（R6-11）、（R6-12）为 1980、2000 两年截面回归方程。

$$\ln HP_{CHEM1980} = 1.854 + 0.403 PIR_{1980} - 0.094 \ln N_{p1980} \quad (R6-11)$$

$R^2_{adj} = 0.209$；$Sig(F, t_{b0}, t_{b1}, t_{b2}) = (0, 0, 0.001, 0.316)$；

$$n = 41；P_{WT}(F) = 0.003$$

$$\ln HP_{CHEM1980} = 1.850 + 0.409 PIR_{1980} - 0.092 \ln N_{p1980} \quad (R6-11)'$$

$R^2_{adj} = 0.954$；$Sig(F, t_{b0}, t_{b1}, t_{b2}) = (0, 0, 0, 0)$；$n = 41$

$$\ln HP_{CHEM2000} = 2.096 + 0.214 PIR_{2000} - 0.045 \ln N_{p2000} \quad (R6-12)$$

$R^2_{adj} = 0.137$；$Sig(F, t_{b0}, t_{b1}, t_{b2}) = (0, 0, 0.017, 0.563)$；

$$n = 41；P_{WT}(F) = 0$$

$$\ln HP_{CHEM2000} = 2.085 + 0.216 PIR_{2000} - 0.040 \ln N_{p2000} \quad (R6-12)'$$

$R^2_{adj} = 0.971$；$Sig(F, t_{b0}, t_{b1}, t_{b2}) = (0, 0, 0, 0.001)$；$n = 41$

## 2. PIR 的回归系数

该项截面方程 PIR 回归系数一直不高，1980 年为 0.409，此后一直下降，1991 年曾下降至历史最低值 0.088，1997 年后有所回升，2014 年、2015 年分别为 0.222、0.254。

## 3. 典型发展中经济体化工制药出口占比对数赶超度变动态势比较

如图 6-7 所示，发展中经济体该项赶超度的大小，和中等收入陷阱跨越之间没有表现出联系。2005 年前，跨越者中国台湾地区赶超度一直低于 0，1998 年前跨越者韩国赶超度一直低于 0，1998 年之后也是在 0 值附近波动，跨越者捷克赶超度从 1992 年历史峰值 0.457 上持续回落，在跨越关键期 2000~2008 年，赶超度从 -0.052 下降至 -0.719。至于未跨越者，阿根廷、墨西哥、土耳其该项赶超度都是大部分年份为负，马来西亚则全部年份为负。

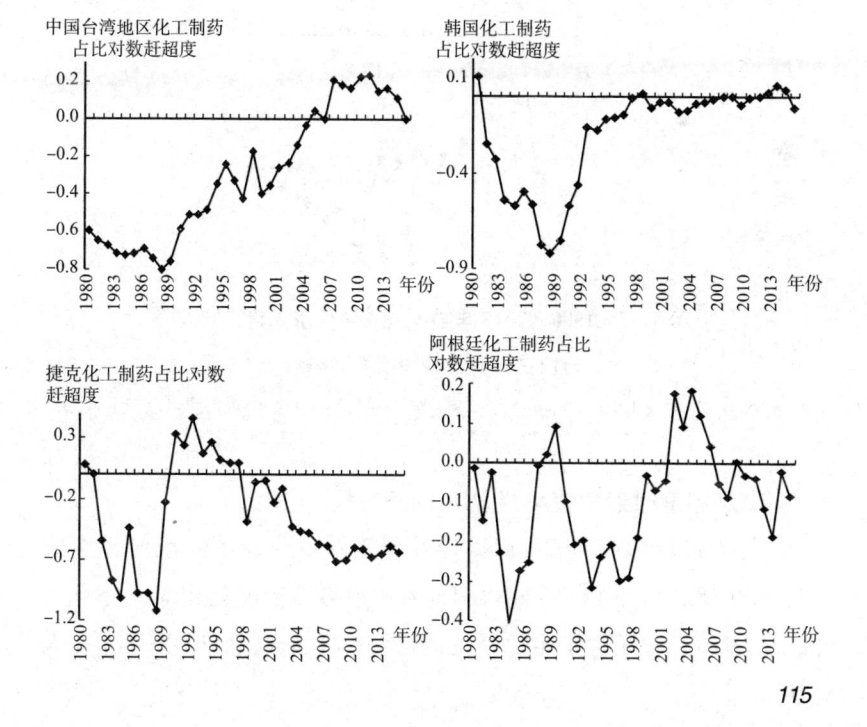

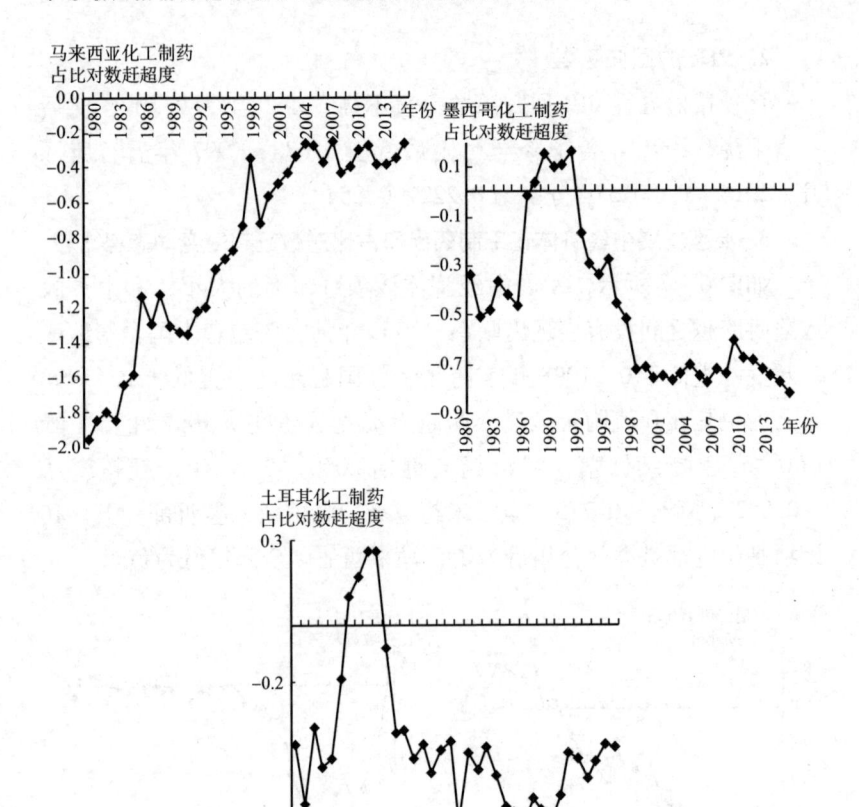

**图 6-7　1980~2015 年典型发展中经济体化工制药
出口占比对数赶超度变动态势**

资料来源：基于 UN Comtrade、联合国贸发会议（UNCTAD）数据建模结果。

## 4. 赶超度时期均值解释 PIR 回归方程

按方程（6-4）进行试验，发现就发展中经济体截面样本而言，$AVCDlnHP_{CHEM}$ 的回归系数 $b_2$ 为负，与理论预想相悖，并且大部分时期统计显著性不足。就发达经济体样本而言，$b_2$ 为正并在大

## 第六章 截面回归建模与分析（一）：出口产业占比

部分时期表现出一定统计显著性。其中关于回归系数 $b_2$ 假设检验统计显著性最高的年份是2002年，相应的赶超度时期均值解释PIR回归方程如式（R6-13）所示。

$$PIR_{2002} = 0.812 + 0.560 PIR_{1980} + 0.189 AVCDlnHP_{CHEM(1980-2002)}$$

(R6-13)

$R_{adj}^2 = 0.658$；$Sig(F, t_{b0}, t_{b1}, t_{b2}) = (0, 0, 0, 0.011)$；

$n = 17$；$P_{WT}(F) = 0.392$

### （五）对数化钢铁出口占比—PIR截面回归方程

**1. 典型截面方程回归参数和统计检验参数**

式（R6-14）、（R6-15）为1980、2000两年截面回归方程。

$$lnHP_{IRST1980} = -0.713 + 0.882 PIR_{1980} + 0.304 lnN_{p1980} \quad (R6-14)$$

$R_{adj}^2 = 0.306$；$Sig(F, t_{b0}, t_{b1}, t_{b2}) = (0, 0.248, 0, 0.093)$；

$n = 41$；$P_{WT}(F) = 0.097$

$$lnHP_{IRST1980} = -0.369 + 0.765 PIR_{1980} + 0.267 lnN_{p1980}$$

(R6-14)′

$R_{adj}^2 = 0.869$；$Sig(F, t_{b0}, t_{b1}, t_{b2}) = (0, 0.152, 0, 0)$；$n = 41$

$$lnHP_{IRST2000} = -0.628 + 0.337 PIR_{2000} + 0.273 lnN_{p2000}$$

(R6-15)

$R_{adj}^2 = 0.099$；$Sig(F, t_{b0}, t_{b1}, t_{b2}) = (0.052, 0.239, 0.037, 0.060)$；

$n = 41$；$P_{WT}(F) = 0.062$

$$ln(P_{IRST2000}) = -0.642 + 0.347 PIR_{2000} + 0.280 ln(N_{p2000})$$

(R6-15)′

$R_{adj}^2 = 0.924$；$Sig(F, t_{b0}, t_{b1}, t_{b2}) = (0, 0, 0, 0)$；$n = 41$

**2. PIR的回归系数**

1980~1986年，PIR回归系数在1附近，1987年开始则持续下降。1992年曾降至0.279，此后呈波动状，2015年为0.297。下降主要原因类同上文其他截面回归方程的同类下降。

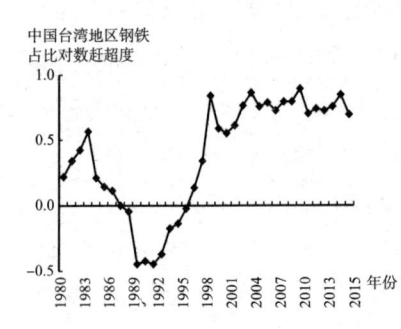

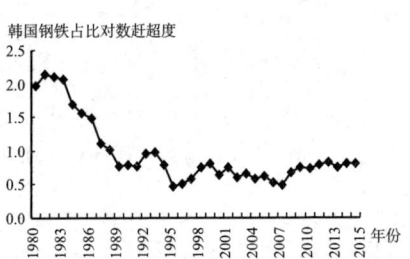

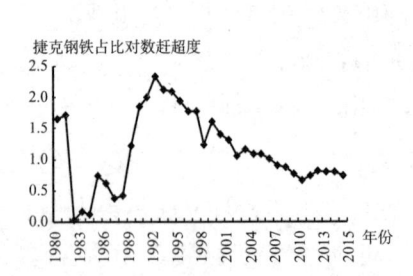

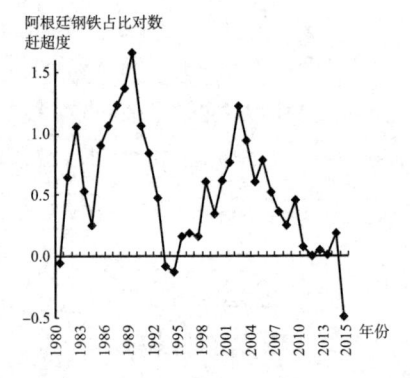

**3. 典型发展中经济体钢铁出口占比对数赶超度变动态势比较**

如图6-8所示典型发展中经济体该项赶超度变动态势。发展中经济体钢铁出口占比对数赶超度的大小，和中等收入陷阱跨越之间表现出一定程度联系。主要体现在跨越者赶超度不为负或很少为负。韩国、捷克则在全部年份上大于0，中国台湾地区只有1988～1995年8个年份赶超度小于0，其他年份都大于0。未跨越者中，阿根廷、土耳其大部分年份大于0，马来西亚、墨西哥大部分年份小于0。

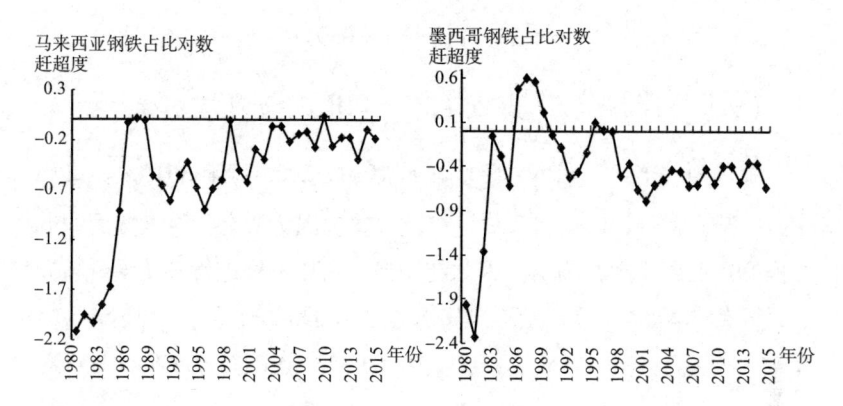

| 第六章 截面回归建模与分析（一）：出口产业占比

图 6-8 1980~2015 年典型发展中经济体钢铁
出口占比对数赶超度变动态势

资料来源：基于 UN Comtrade、联合国贸发会议（UNCTAD）数据建模结果。

### 4. 赶超度时期均值解释 PIR 回归方程

按方程式（6-4）进行试验，其中基于发展中经济体样本的方程，$AVCDlnP_{IRST}$ 回归系数表现出最大统计显著性的年份是 2007 年，回归方程如式（R6-16）所示。至于发达经济体样本，所有年份计量出来的 $b_2 < 0$，故不予列示。

$$PIR_{2007} = 0.008 + 0.708 PIR_{1980} + 0.165 AVCDlnHP_{IRST(1980-2007)} \quad (R6-16)$$

$$R^2_{adj} = 0.616;\ Sig(F,\ t_{b0},\ t_{b1},\ t_{b2}) = (0,\ 0.963,\ 0,\ 0.139);$$

$n=24$；$P_{WT}(F)=0.911$

## （六）对数化纺织出口占比—PIR 截面回归方程

式（R6-17）、（R6-18）显示 1980、2000 两年 $\ln HP_{TEXT}$ - PIR 截面回归方程的回归参数和统计检验参数。因为所有年份该截面回归方程 PIR 回归系数都为负，因此纺织出口占比不可进行赶超度分析。

$$\ln HP_{TEXT1980} = 1.024 - 0.077 PIR_{1980} + 0.020 \ln N_{p1980} \quad (R6-17)$$
$R_{adj}^2 = -0.042$；$Sig(F, t_{b0}, t_{b1}, t_{b2}) = (0.827, 0.023, 0.595, 0.875)$；
$n=41$；$P_{WT}(F)=0.077$

$$\ln HP_{TEXT1980} = 1.010 - 0.068 PIR_{1980} + 0.0257 \ln N_{p1980} \quad (R6-17)'$$
$R_{adj}^2 = 0.792$；$Sig(F, t_{b0}, t_{b1}, t_{b2}) = (0, 0, 0, 0.001)$；$n=41$

$$\ln HP_{TEXT2000} = 0.316 - 0.175 PIR_{2000} + 0.163 \ln N_{p2000} \quad (R6-18)$$
$R_{adj}^2 = 0.165$；$Sig(F, t_{b0}, t_{b1}, t_{b2}) = (0.012, 0.338, 0.078, 0.069)$；
$n=41$；$P_{WT}(F)=0.259$

## （七）对数化服装出口占比—PIR 截面回归方程

式（R6-19）、（R6-20）显示 1980、2000 两年 $\ln HP_{CLO}$ - PIR 截面回归方程的回归参数和统计检验参数。因为所有年份该截面回归方程 PIR 回归系数都为负，因此服装出口占比不可进行赶超度分析。

$$\ln HP_{CLO1980} = 1.564 - 0.337 PIR_{1980} - 0.213 \ln N_{p1980} \quad (R6-19)$$
$R_{adj}^2 = -0.114$；$Sig(F, t_{b0}, t_{b1}, t_{b2}) = (0.038, 0.001, 0.021, 0.092)$；
$n=41$；$P_{WT}(F)=0.244$

$$\ln HP_{CLO2000} = 1.690 - 0.733 PIR_{2000} - 0.131 \ln N_{p2000} \quad (R6-20)$$
$R_{adj}^2 = 0.391$；$Sig(F, t_{b0}, t_{b1}, t_{b2}) = (0, 0.001, 0, 0.308)$；
$n=41$；$P_{WT}(F)=0.687$

$$\ln HP_{CLO2000} = 1.623 - 0.691 PIR_{2000} - 0.104 \ln N_{p2000} \quad (R6-20)'$$

$R_{adj}^2 = 0.982$；$Sig(F, t_{b0}, t_{b1}, t_{b2}) = (0, 0, 0, 0)$；$n = 41$

### （八）对数化其他制造品出口占比 – PIR 截面回归方程

**1. 典型截面方程回归参数和统计检验参数**

式（R6 – 21）、（R6 – 22）为 1980、2000 两年截面回归方程。

$$\ln HP_{OTHM1980} = 2.40 + 0.401 PIR_{1980} \quad (R6-21)$$

$R_{adj}^2 = 0.239$；$Sig(F, t_{b0}, t_{b1}, t_{b2}) = (0.001, 0, 0.001)$；

$n = 41$；$P_{WT}(F) = 0.005$

$$\ln HP_{OTHM1980} = 2.391 + 0.404 PIR_{1980} \quad (R6-21)'$$

$R_{adj}^2 = 0.994$；$Sig(F, t_{b0}, t_{b1}, t_{b2}) = (0, 0, 0)$；$n = 41$

$$\ln HP_{OTHM2000} = 2.744 + 0.085 PIR_{2000} \quad (R6-22)$$

$R_{adj}^2 = 0.041$；$Sig(F, t_{b0}, t_{b1}, t_{b2}) = (0.107, 0, 0.107)$；

$n = 41$；$P_{WT}(F) = 0.045$

$$\ln HP_{OTHM2000} = 2.736 + 0.094 PIR_{2000} \quad (R6-22)'$$

$R_{adj}^2 = 0.722$；$Sig(F, t_{b0}, t_{b1}, t_{b2}) = (0, 0, 0)$；$n = 41$

**2. PIR 的回归系数**

1980 年 PIR 回归系数为 0.404，此后呈下降态势，1992 年以后大致在 0.1 附近波动，其原因与上文提及的各出口占比截面方程的 PIR 回归系数下降类同。

**3. 典型其他制造品出口占比对数赶超度变动态势比较**

图 6 – 9 为典型发展中经济体变动态势图示。从图中看到，发展中经济体其他制造品出口占比对数赶超度的大小，和中等收入陷阱跨越之间表现出一定程度联系。跨越者中，中国台湾地区和捷克所有年份赶超度大于 0，韩国赶超度在 1992 年及以前大于 0，1992 年后小于 0。未跨越者中，阿根廷、马来西亚、墨西哥都是赶超度所有年份小于 0，而土耳其赶超度在 2006 年及以前小于 0，2007 年以后大于 0。

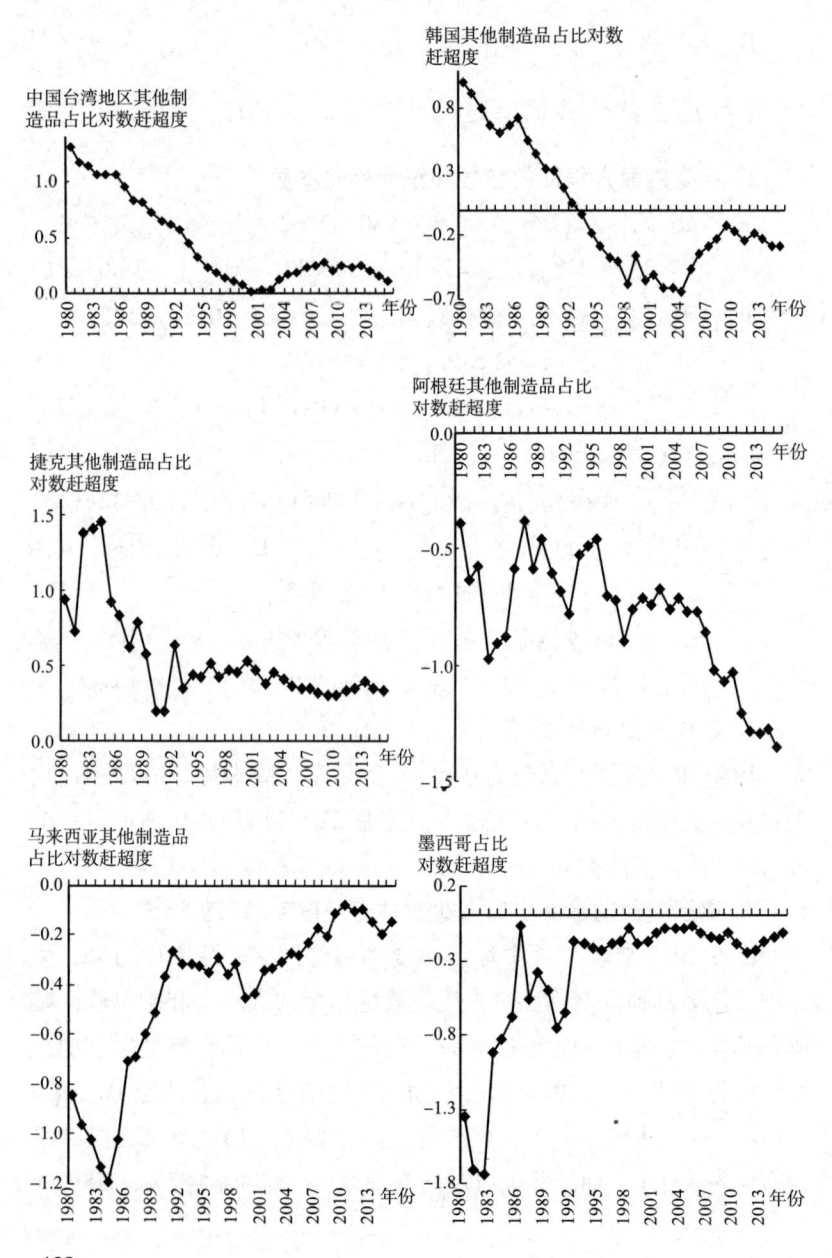

中国台湾地区其他制造品占比对数赶超度

韩国其他制造品占比对数赶超度

捷克其他制造品占比对数赶超度

阿根廷其他制造品占比对数赶超度

马来西亚其他制造品占比对数赶超度

墨西哥占比对数赶超度

第六章 截面回归建模与分析（一）：出口产业占比

土耳其其他制造品占比对数赶超度

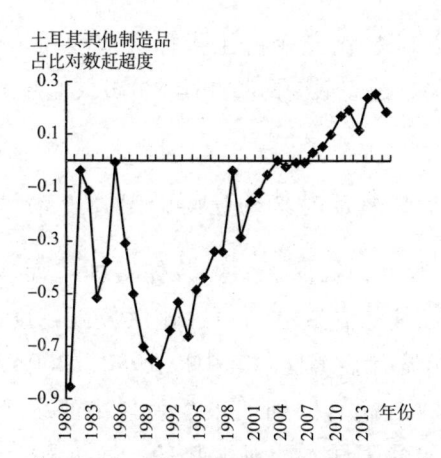

图 6-9 1980~2015 年典型发展中经济体其他制造品
出口占比对数赶超度变动态势

资料来源：基于 UN Comtrade、联合国贸发会议（UNCTAD）数据建模结果。

**4. 赶超度时期均值解释 PIR 回归方程**

按照方程（6-4）进行试验，其中基于发展中经济体样本的方程，$AVCDlnP_{OTHM}$ 回归系数表现出最大统计显著性的年份是 2011 年，如回归方程（R6-23）所示。至于发达经济体样本，所有年份计量出来的 $b_2$ 正负不定，且大多数年份未通过统计显著性检验，故不予列示。

$$PIR_{2011} = 0.226 + 0.766 PIR_{1980} + 0.507 AVCDlnP_{OTHM(1980-2011)}$$

（R6-23）

$R^2_{adj} = 0.611$；$Sig(F, t_{b0}, t_{b1}, t_{b2}) = (0, 0.140, 0, 0.044)$；
$n = 24$；$P_{WT}(F) = 0.589$

## 三、本章总结

本章先交代截面回归操作和赶超度分析的相关要点，再面向所有产业占比,以对数化产业占比指标为应变量,以收入水平率(PIR)为自变量,建立截面回归方程,并开展赶超度分析。主要结论要点如下。

## (一) 关于赶超度时期均值解释 PIR 变动的统计显著性

如表 6-1 所示,就发展中经济体子样本而言,机电装备、轻机电、钢铁、其他制造品出口占比对数赶超度时期均值解释 PIR 变动表现出统计显著性。其中以 1980~2004 年时期机电装备出口占比对数赶超度的回归系数表现出的统计显著性最好。发达经济体组成的子样本,机电装备、轻机电、化工制药出口占比对数赶超度时期均值解释 PIR 变动表现出统计显著性。其中,机电装备、轻机电出口占比对数赶超度回归系数取得最佳统计显著性的时期,要比发展中经济体更短。其主要原因是发达经济体制造业结构变动,能很快影响汇率,并表现到名义收入水平的变动上。

表 6-1 分产业出口占比对数赶超度时期均值解释 PIR 变动
取得最佳统计检验结果的时期及其检验值

| 样本 | No. | 占比 | 时期(1980~) | b | $P(t_b)$ | $R^2_{adj}$ |
|---|---|---|---|---|---|---|
| 发展中经济体 | 1 | 机电装备 | 2004 | 0.367 | 0.009 | 0.707 |
| | 2 | 轻机电 | 2003 | 0.188 | 0.016 | 0.68 |
| | 3 | 钢铁 | 2007 | 0.165 | 0.139 | 0.616 |
| | 4 | 其他制造品 | 2011 | 0.507 | 0.044 | 0.611 |
| 发达经济体 | 1 | 机电装备 | 1996 | 0.202 | 0.084 | 0.8 |
| | 2 | 轻机电 | 1998 | 0.141 | 0.007 | 0.846 |
| | 3 | 化工制药 | 2002 | 0.189 | 0.011 | 0.658 |

资料来源:基于 UN Comtrade、联合国贸发会议(UNCTAD)数据建模结果。

## 第六章 截面回归建模与分析（一）：出口产业占比

### （二）关于各产业的重要性

**1. 从发展中经济体相对收入水平提升的角度看**

如表6-1所示，机电装备、轻机电、钢铁、其他制造品对发展中经济体收入水平提升相对重要。回顾第五章之式（R5-2）回归结果也揭示，机电装备、轻机电、钢铁出口占比解释若干年后的制造业相对产值高度表现出统计显著性。在上述产业中，机电装备、钢铁是完全中间品产品，轻机电、其他制造品是部分中间品产业。钱纳里等人（1986；中译本，1995）曾主要基于1980年前发展中经济体经验素材论证指出，中间需求而不是国内最终需求的变化，对制造业发展和工业化进程有重要意义。本研究上述实证结果基于1980~2015年的经验素材，和钱纳里研究结果相互呼应。

**2. 从发达经济体相对收入水平维持的角度看**

如表6-1所示，机电装备、轻机电、化工制药对发达经济体的收入水平维持和宏观经济运行相对重要。与此相印证，第五章之式（R5-3）回归结果也曾揭示，机电装备、轻机电、化工制药出口占比解释若干年后的制造业产值相对高度，表现出统计显著性。

**3. 从各对数化出口占比—PIR截面回归方程PIR回归系数的符号上看**

机电装备、轻机电、汽车、化工制药、钢铁、其他制造品出口占比的PIR截面回归方程中PIR回归系数为正号，由此上述占比可以计算赶超度。不论是发展中经济体，还是发达经济体子样本，机电装备、轻机电出口占比的对数化赶超度时期均值解释PIR变动都表现出统计显著性。这和第五章关于上述两占比具有重要性的实证结果形成印证关系。

本研究到此总结认为，在衡量工业型经济体工业化结构变动方面，机电装备出口占比、轻机电出口占比是最重要的结构变量，称为关键结构变量。至于汽车、化工制药、钢铁、其他制造品出口占比，也很重要但程度次之，称为次关键结构变量。

### （三）关于跨越者和未跨越者在产业赶超度上表现出的差异

如表6-2所示，面向所有能够计算赶超度的产业，选择跨越者和四个PIR长期在0附近徘徊的未跨越者，就其赶超度表现做总结性对比。其中，跨越者选定的观测期是其跨越关键期前后的16年，而其他经济体选择的观测期则都是1980~2015年。

表6-2　典型发展中经济体分产业出口占比对数赶超度择时期比较

| 经济体 | | 中国台湾地区 | 韩国 | 捷克 | 阿根廷 | 马来西亚 | 墨西哥 | 土耳其 |
|---|---|---|---|---|---|---|---|---|
| 出口占比对数赶超度 | 观测期 | 1980~1995 | 1984~1999 | 1997~2012 | 1980~2015 | 1980~2015 | 1980~2015 | 1980~2015 |
| 机电装备 | 均值 | 0.609 | 0.383 | 0.825 | -0.992 | 0.146 | 0.124 | -0.107 |
| | 正值占比（%） | 100 | 100 | 100 | 0 | 67 | 72 | 39 |
| 轻机电 | 均值 | 1.913 | 1.653 | 0.715 | -2.016 | 2.466 | 0.840 | -0.504 |
| | 正值占比（%） | 100 | 100 | 81 | 0 | 100 | 83 | 19 |
| 汽车 | 均值 | -0.290 | 0.592 | 2.266 | 0.627 | -1.120 | 1.394 | 0.603 |
| | 正值占比（%） | 44 | 100 | 100 | 78 | 0 | 92 | 78 |
| 化工 | 均值 | -0.608 | -0.357 | -0.412 | -0.095 | -0.859 | -0.478 | -0.412 |
| | 正值占比（%） | 0 | 6 | 6 | 22 | 0 | 14 | 11 |
| 钢铁 | 均值 | -0.002 | 0.938 | 1.094 | 0.517 | -0.563 | -0.429 | 1.512 |
| | 正值占比（%） | 50 | 100 | 100 | 89 | 6 | 17 | 97 |
| 其他制造品 | 均值 | 0.809 | 0.106 | 0.391 | -0.792 | -0.430 | -0.384 | -0.215 |
| | 正值占比（%） | 100 | 56 | 100 | 0 | 0 | 0 | 25 |

资料来源：基于UN Comtrade、联合国贸发会议（UNCTAD）数据建模结果。

## 第六章 截面回归建模与分析（一）：出口产业占比

**1. 关于机电装备和轻机电两大关键产业占比**

跨越者跨越关键期前后所有年份或接近所有年份对数赶超度都为正，平均值为大幅正值，而未跨越者则未必能做到。

就机电装备出口占比对数赶超度而言，中国台湾地区、韩国、捷克观测期平均值分别为0.609、0.383、0.825，观测期赶超度正值年数占比均为100%。至于未跨越者，阿根廷、马来西亚、墨西哥、土耳其观测期赶超度平均值分别为-0.992、0.146、0.124、-0.107，即使为正，在正值幅度上也大幅逊于跨越者。观测期赶超度正值年数占比分别为0、67%、72%、39%。

就轻机电出口占比对数赶超度而言，中国台湾地区、韩国、捷克观测期平均值分别为1.913、1.653、0.715，赶超度正值年数占比分别为100%、100%、81%。至于未跨越者，阿根廷、马来西亚、墨西哥、土耳其观测期赶超度平均值分别为-2.016、2.466、0.840、-0.504，其正值年数占比分别为0、100%、83%、19%。

**2. 关于次关键产业占比，跨越者取得高赶超度的频率通常也高于未跨越者**

关于汽车、化工、钢铁、其他制造品四大次关键产业出口占比对数赶超度平均值，中国台湾地区有2项大幅正值或在0附近，韩国有3项为大幅正值，捷克有3项为大幅正值。而在收入水平相对更低背景下，阿根廷、马来西亚、墨西哥、土耳其为正值项数分别是2、0、1、2。可见上述产业占比提升力度，跨越者通常也比未跨越者更大。

# 第七章

# 截面回归建模与分析（二）：非结构指标和综合分析

基于上一章所交代的截面回归建模和赶超度指标分析方法，本章继续就总本地出口额、创新活跃度开展截面回归和赶超度分析。然后，本章将对所有指标截面回归建模和分析进行总结。

## 一、对数化总本地出口额—PIR 截面回归和赶超度分析

### （一）典型年份截面方程回归参数和统计检验参数

式（R7-1）、（R7-2）选择 1980、2000 两年列示截面回归方程的回归参数和统计检验参数。DEV 表示本地出口额（Domestic Export Value）。

$$\ln DEV_{1980} = 2.353 + 0.969 PIR_{1980} + 0.753 \ln N_{p1980} \quad (R7-1)$$

$R_{adj}^2 = 0.859$；$Sig(F, t_{b0}, t_{b1}, t_{b2}) = (0, 0, 0, 0)$；

$$n = 41;\ P_{WT}(F) = 0.297$$

$$\ln DEV_{2000} = 3.145 + 0.984 PIR_{2000} + 0.817 \ln N_{p1980} \quad (R7-2)$$

## 第七章 截面回归建模与分析（二）：非结构指标和综合分析

$R_{adj}^2 = 0.835$；$Sig(F, t_{b0}, t_{b1}, t_{b2}) = (0, 0, 0, 0)$；
$n = 41$；$P_{WT}(F) = 0.508$

### （二）PIR 的回归系数

如图 7-1 所示，PIR 回归系数大致在 1 附近波动。

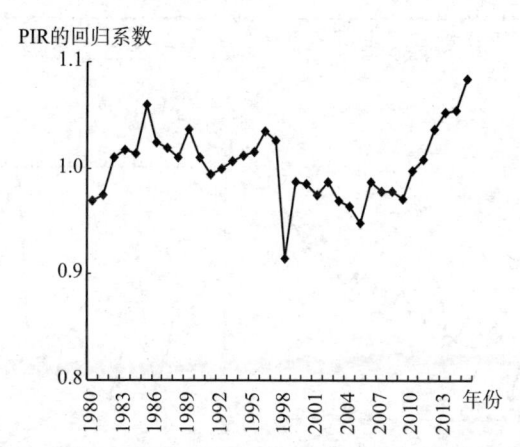

**图 7-1 1980~2015 年 lnDEV-PIR 截面回归方程 PIR 回归系数**
资料来源：基于 UN Comtrade、联合国贸发会议（UNCTAD）数据建模结果。

### （三）典型经济体赶超度变动态势比较和观察

**1. 跨越者和未跨越者之间的比较**

如图 7-2 所示，跨越者和未跨越者的总出口额对数赶超度表现出明显差异。跨越者总出口额对数赶超度所有年份都大幅大于 0。至于四个未跨越者，只有马来西亚表现出所有年份大幅正值，阿根廷、土耳其所有年份负值，墨西哥在 1995 年及以后才实现所有年份正值。

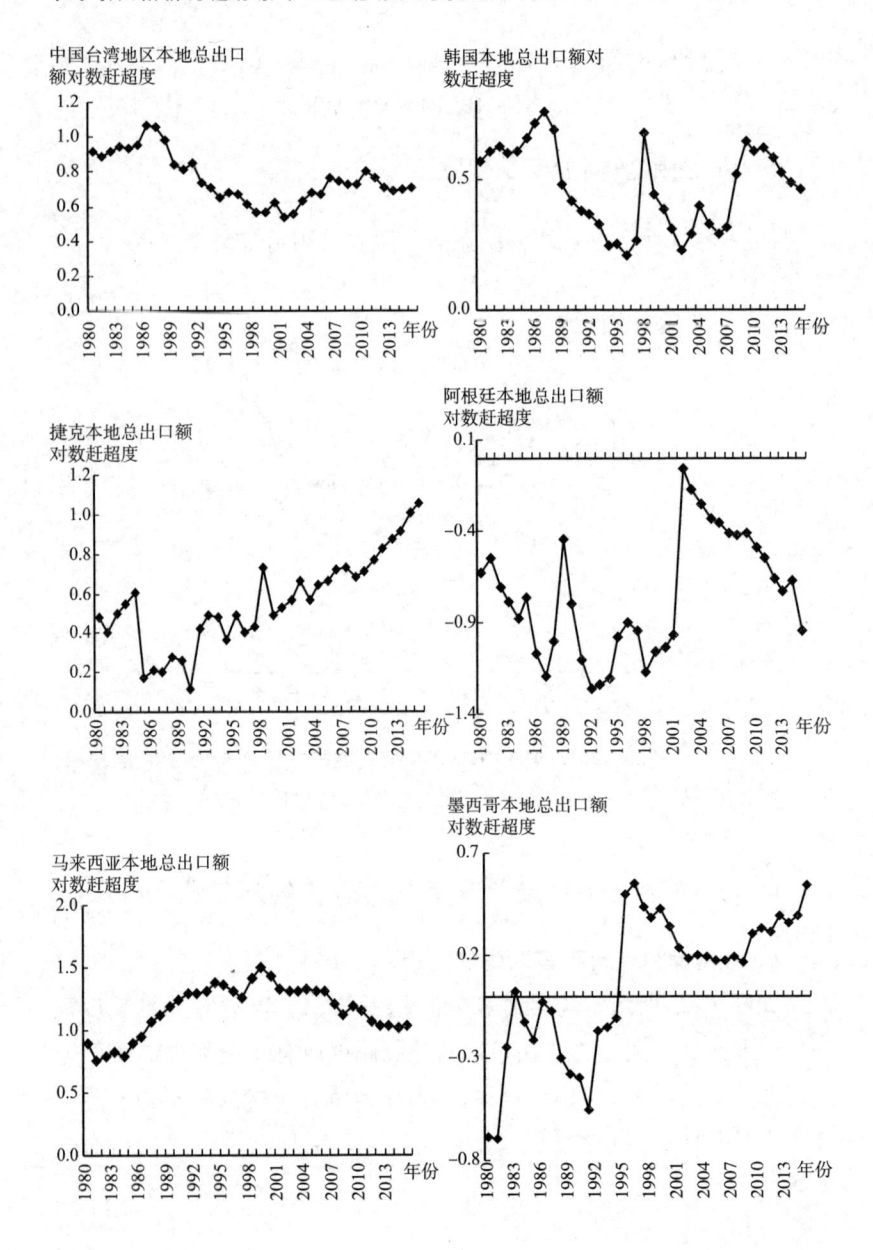

中国台湾地区本地总出口额对数赶超度

韩国本地总出口额对数赶超度

捷克本地总出口额对数赶超度

阿根廷本地总出口额对数赶超度

马来西亚本地总出口额对数赶超度

墨西哥本地总出口额对数赶超度

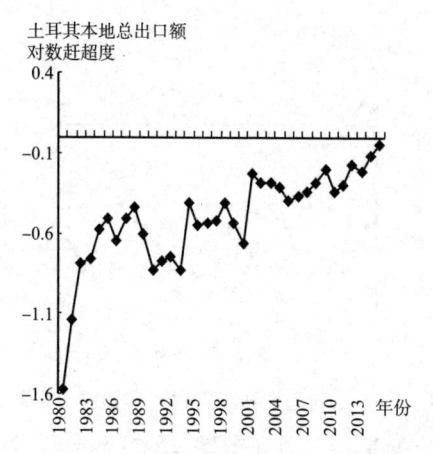

# 第七章 截面回归建模与分析（二）：非结构指标和综合分析

**图 7-2　1980~2015 年典型发展中经济体总出口额对数赶超度变动态势**

资料来源：基于 UN Comtrade、联合国贸发会议（UNCTAD）数据建模结果。

## 2. 发达经济体的参照

如图 7-3 所示，只有德国所有年份总出口额赶超度为正值，常年正值幅度在 0.5 左右。1980 年美国赶超度就为负，并在波动中下降，2015 年为 -0.991，日本赶超度自 1983 年以后为负并持续下降，1995 年左右趋稳，2015 年为 -0.335。

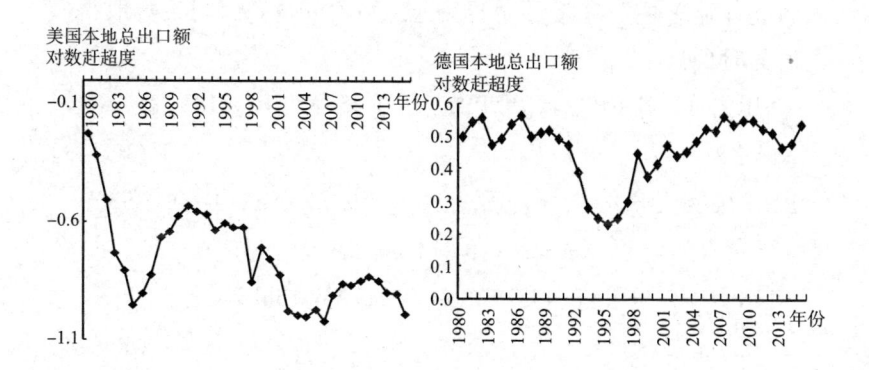

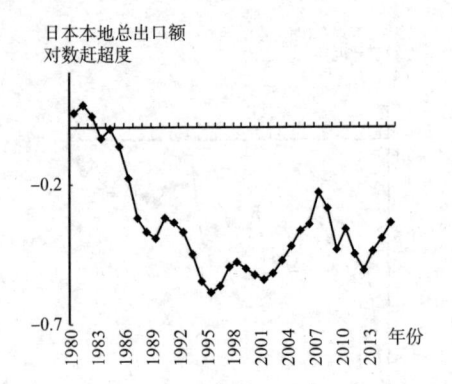

**图7-3　1980～2015年典型发达经济体总出口额对数赶超度变动态势**

资料来源：基于 UN Comtrade、联合国贸发会议（UNCTAD）数据建模结果。

## （四）赶超度时期均值解释 PIR 方程

回归方程（R7-3）、（R7-4）分别列示截面样本经济体中的发展中经济体、发达经济体组成子样本，关于赶超度时期均值解释 PIR 变动的回归方程。其中发展中经济体子样本所列示结果选择 AVCDlnDEV 回归系数表现出最高统计显著性的时期，由于发达经济体经过加权回归修正后若干相邻时期均表现出高统计显著性，比较并选择列示 AVCDlnDEV 回归系数取得最大值的时期。

$$PIR_{2003} = -0.062 + 0.795 PIR_{1980} + 0.455 AVCDlnDEV_{(1980-2003)}$$
$$(R7-3)$$

$$R^2_{adj} = 0.657; \ Sig(F, \ t_{b0}, \ t_{b1}, \ t_{b2}) = (0, \ 0.685, \ 0, \ 0.0395);$$
$$n = 24; \ P_{WT}(F) = 0.819$$

$$PIR_{2006} = 0.965 + 0.493 PIR_{1980} + 0.217 AVCDlnDEV_{(1980-2006)}$$
$$(R7-4)$$

## 第七章 截面回归建模与分析（二）：非结构指标和综合分析

$R_{adj}^2 = 0.653$；$Sig(F, t_{b0}, t_{b1}, t_{b2}) = (0, 0, 0, 0.081)$；

$$n = 17；P_{WT}(F) = 0.001$$

$$PIR_{2006} = 0.946 + 0.506PIR_{1980} + 0.201AVCDlnDEV_{(1980-2006)}$$

$$(R7-4)'$$

$R_{adj}^2 = 0.997$；$Sig(F, t_{b0}, t_{b1}, t_{b2}) = (0, 0, 0, 0)$；$n = 17$

## 二、创新活跃度指数—PIR 截面回归和赶超度分析

### （一）典型年份截面方程回归参数和统计检验参数

式（R7-5）、（R7-6）选择1980、2000两年列示截面回归方程的回归参数和统计检验参数。PCIPI 表示创新活跃度指数。

$$PCIPI_{1980} = -2.707 + 1.853PIR_{1980} + 0.193lnN_{p1980} \quad (R7-5)$$

$R_{adj}^2 = 0.544$；$Sig(F, t_{b0}, t_{b1}, t_{b2}) = (0, 0.002, 0, 0.439)$；

$$n = 41；P_{WT}(F) = 0.573$$

$$PCIPI_{1980} = -2.570 + 1.856PIR_{1980} + 0.156lnN_{p1980} \quad (R7-5)'$$

$R_{adj}^2 = 0.996$；$Sig(F, t_{b0}, t_{b1}, t_{b2}) = (0, 0, 0, 0)$；$n = 41$

$$PCIPI_{2000} = -3.137 + 1.619PIR_{2000} + 0.343lnN_{p2000} \quad (R7-6)$$

$R_{adj}^2 = 0.675$；$Sig(F, t_{b0}, t_{b1}, t_{b2}) = (0, 0, 0, 0.038)$；

$$n = 41；P_{WT}(F) = 0.231$$

### （二）PIR 的回归系数

如图7-4所示，PIR 的回归系数大致在1.36至1.86范围内波动。

**图7-4　1980~2015年PCIPI-PIR截面回归方程PIR回归系数**

资料来源：基于UN Comtrade、联合国贸发会议（UNCTAD）、世界知识产权组织（WIPO）数据建模结果。

## （三）典型经济体赶超度变动态势比较和观察

**1. 跨越者和未跨越者之间的比较**

图7-5显示，跨越者和未跨越者的创新活跃度赶超度表现出明显差异。跨越者在跨越关键期前后所有年份都大于0。至于未跨越者，阿根廷大部分年份、墨西哥所有年份都小于0；马来西亚在2003年前所有年份小于0，2003年及以后所有年份大于0；土耳其在2010年前所有年份小于0，2010年及以后所有年份大于0。

**2. 发达经济体的参照**

图7-6显示，1980~2015年，美国大部分年份赶超度为负值，德国大部分年份为幅度不大的正值，而日本则所有年份都为大幅正值，其幅度总体稍有下降。

## （四）赶超度时期均值解释PIR方程

在1980~1995年及以后大部分年份所形成的时期上，发展中

## 第七章 截面回归建模与分析（二）：非结构指标和综合分析

经济体子样本 AVCDPCIPI 解释 PIR 变动都表现出统计显著性，在 1980～1995 年及以后、2005 年及以前的所有年份所形成的时期上，发达经济体子样本 AVCDPCIPI 解释 PIR 变动都表现出统计显著性。如回归方程（R7-3）、（R7-4）分别由截面样本经济体中的发展中经济体、发达经济体组成子样本，就赶超度时期均值解释 PIR 变动回归得到的方程。所列示结果均选择 AVCDPCIPI 回归系数表现出最高统计显著性的时期。

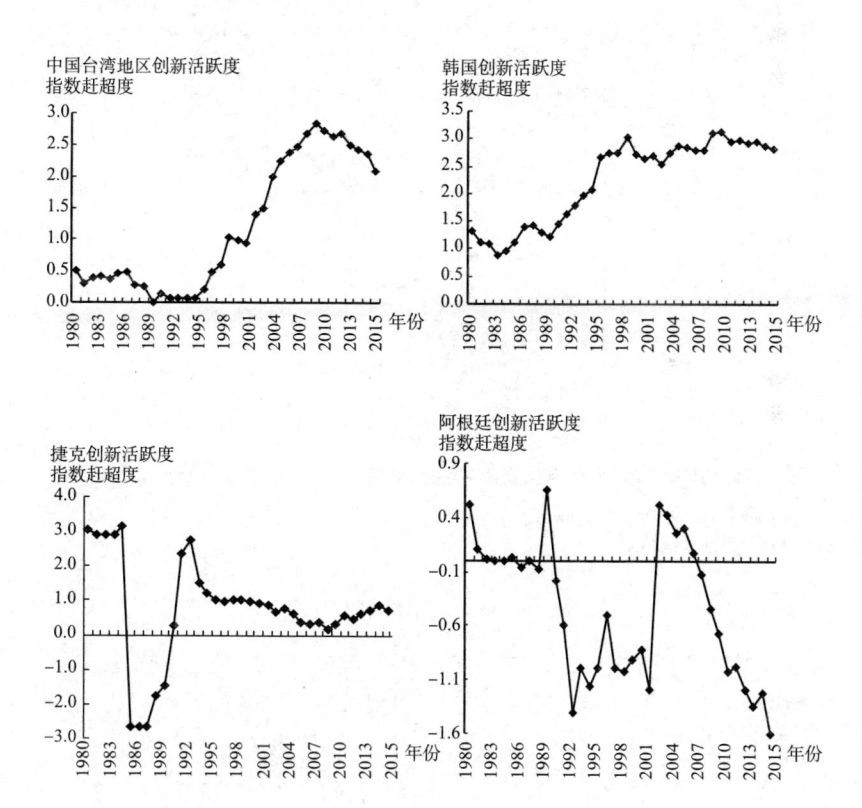

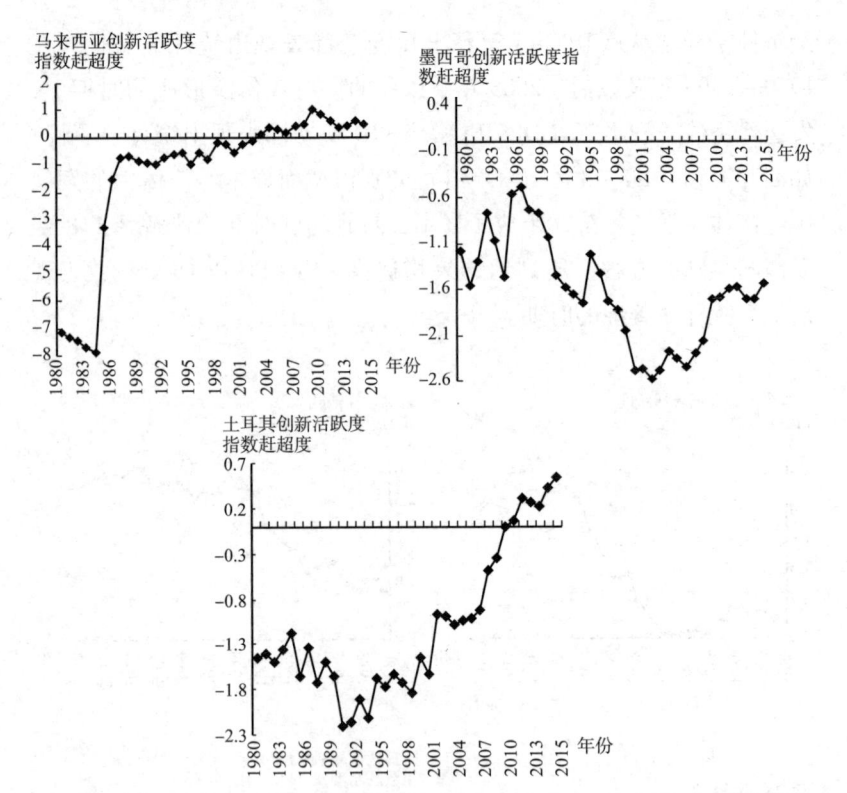

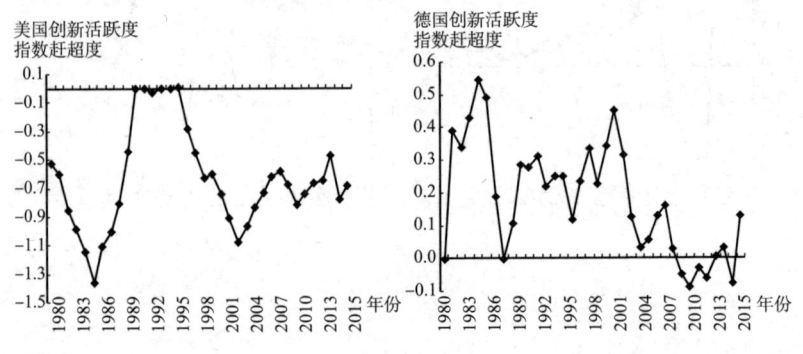

**图 7-5　1980~2015 年典型发展中经济体创新活跃度指数赶超度变动态势**

资料来源：基于 UN Comtrade、联合国贸发会议（UNCTAD）、世界知识产权组织（WIPO）数据建模结果。

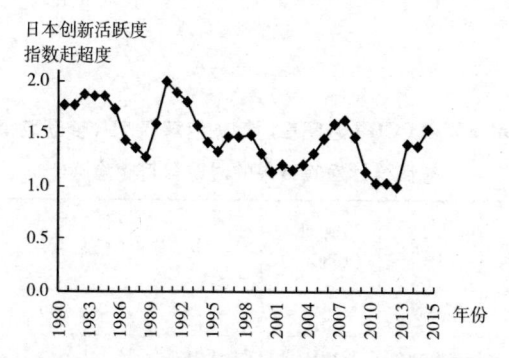

## 第七章 截面回归建模与分析（二）：非结构指标和综合分析

图 7-6 1980~2015 年典型发达经济体创新活跃度指数赶超度变动态势

资料来源：基于 UN Comtrade、联合国贸发会议（UNCTAD）、世界知识产权组织（WIPO）数据建模结果。

$$PIR_{2015} = 0.043 + 0.550 PIR_{1980} + 0.186 AVCDPCIPI_{(1980-2015)}$$
(R7-8)

$$R_{adj}^2 = 0.511;\ Sig(F,\ t_{b0},\ t_{b1},\ t_{b2}) = (0,\ 0.770,\ 0,\ 0.047);$$
$$n = 17;\ P_{WT}(F) = 0.509$$

$$PIR_{1997} = 0.722 + 0.619 PIR_{1980} + 0.121 AVCDPCIPI_{(1980-1997)}$$
(R7-9)

$$R_{adj}^2 = 0.511;\ Sig(F,\ t_{b0},\ t_{b1},\ t_{b2}) = (0,\ 0,\ 0,\ 0.015);$$
$$n = 17;\ P_{WT}(F) = 1$$

## 三、关于两指标的 PIR 截面回归和赶超度分析的总结

### （一）关于赶超度时期均值解释 PIR 变动的统计显著性

表 7-1 显示，lnDEV 和 PCIPI 赶超度时期均值解释 PIR 变动取得最佳统计检验结果的时期及其关键检验值。发展中经济体样本方程赶超度回归系数都要大于发达经济体样本方程的相

应回归系数。

表 7-1 lnDEV 和 PCIPI 赶超度时期均值解释 PIR 变动取得
最佳统计检验结果的时期及其检验值

| 样本 | No. | 指标 | 时期<br>(1980~) | b | $P(t_b)$ | $R^2_{adj}$ |
|---|---|---|---|---|---|---|
| 发展中<br>经济体 | 1 | lnDEV | 2003 | 0.455 | 0.039 | 0.657 |
| | 2 | PCIPI | 2015 | 0.186 | 0.047 | 0.511 |
| 发达<br>经济体 | 1 | lnDEV | 2006 | 0.201<br>(0.217)[①] | 0<br>(0.081)[①] | 0.997<br>(0.653)[①] |
| | 2 | PCIPI | 1997 | 0.121 | 0.015 | 0.827 |

注：①括号前数字为加权修正回归后结果，括号中数字为修正前的回归结果。
资料来源：基于 UN Comtrade、联合国贸发会议（UNCTAD）、世界知识产权组织（WIPO）数据建模结果。

## （二）关于跨越者和未跨越者在赶超度上表现出的差异

表 7-2 显示，跨越者选定的观测期是其跨越关键期前后的 16 年，而其他经济体选择的观测期则是 1980~2015 年。

就本地出口额对数赶超度而言，中国台湾地区、韩国、捷克观测期平均值分别为 0.872、0.467、0.662，全部为大幅正值。赶超度正值年数占比均为 100%。至于四个典型未跨越者，阿根廷、马来西亚、墨西哥、土耳其观测期赶超度平均值分别为 -0.754、1.163、0.075、-0.506。其中马来西亚为大幅正值，墨西哥为微弱正值，其他二者为显著负值。观测期赶超度正值年数占比分别为 0、100%、61%、0。

表 7-2 典型发展中经济体 lnDEV 和 PCIPI 赶超度择时期比较结果

| 经济体 赶超度所述指标 | | 中国台湾地区 | 韩国 | 捷克 | 阿根廷 | 马来西亚 | 墨西哥 | 土耳其 |
|---|---|---|---|---|---|---|---|---|
| | 观测期 | 1980~1995 | 1984~1999 | 1997~2012 | 1980~2015 | 1980~2015 | 1980~2015 | 1980~2015 |
| lnDEV | 均值 | 0.872 | 0.467 | 0.662 | -0.754 | 1.163 | 0.075 | -0.506 |
| | 正值占比（%） | 100 | 100 | 100 | 0 | 100 | 61 | 0 |
| PCIPI | 均值 | 0.253 | 1.891 | 0.635 | -0.459 | -1.276 | -1.629 | -1.111 |
| | 正值占比（%） | 100 | 100 | 100 | 28 | 36 | 0 | 17 |

注：其中 PCIPI 指标赶超度的观测期为 1985~2015 年。
资料来源：基于 UN Comtrade、联合国贸发会议（UNCTAD）、世界知识产权组织（WIPO）数据建模结果。

就创新活跃度赶超度而言，中国台湾地区、韩国、捷克观测期平均值分别为 0.253、1.891、0.653，全为显著正值。正值年数占比均为 100%。至于未跨越者，阿根廷、马来西亚、墨西哥、土耳其观测期赶超度平均值分别为 -0.459、-1.276、-1.629、-1.111，全为大幅负值，正值年数占比分别为 28%、36%、0、17%。

## 四、截面回归建模的综合分析

### （一）多赶超度变量解释 PIR 变动

由于 2004 年发展中经济体机电装备出口占比对数赶超度、轻机电出口占比对数赶超度、总本地出口额对数赶超度、创新活跃度指数赶超度解释当年 PIR 相比 1980 年 PIR 的变动，都表现出相对较高统计显著性。因此试着在 2004 年，将上述四个自变量结合起来，联合解释当年 PIR 的相对变动。经试验发现，最多只能由机电装备出口占比对数赶超度、总本地出口额对数赶超度、创新活跃度指数赶超度三变量加入进来组成有效的回归方程,如果再加入其他赶超度变量,则由于多重共线性,会影响各自的统计显著性检验。因此,以下只显示发展中经济体子样本三赶超度变量解释 $PIR_{2004}$ 的方程。如回归方程(R7-10)所示。

$$PIR_{2004} = -0.062 + 0.789 PIR_{1980} + 0.225 AVCDlnHP_{MEEQ(1980-2004)} \\ + 0.266 AVCDlnDEV_{(1980-2004)} + 0.108 AVCDPCIPI_{(1980-2004)}$$

(R7-10)

$$R_{adj}^2 = 0.715 ; Sig(F, t_{b0}, t_{b1}, t_{b2}) = (0, 0.67, 0.159, 0.244, 0.234);$$
$$n = 24 ; P_{WT}(F) = 0.239$$

按同样方法,对发达经济体组构类似的多赶超度自变量方程,发现发达经济体之间由于同时期赶超度各赶超度平均值变量之间共线性更严重,在任何时期都不能形成三个赶超度同时具有统计显著性的类似方程。因此,放弃对发达经济体组构类似的多变量方程。

## (二)从赶超度分析角度对跨越条件做总结

表7-3列示所有发展中样本经济体 PIR 取最大值时四大关键赶超度数值及其跨越历史态势研判。基于该表数据和以前关于各项赶超度的分析,我们就中等收入陷阱跨越条件做以下总结。

**1. 从赶超度表现上看,跨越关键期前后四项关键工业化特征指标赶超度要经常性为正值**

这一点事实上已在前文各赶超度分析中得到明确。如表7-3所示,所有跨越者在其收入水平已达到较高水平,并取得历史最大值的情况下,其关键四项工业化特征指标赶超度仍处在相当幅度正值,反映出正是良好的工业化条件和制造业基础为其跨越提供了条件。表7-3还显示,所有跨越历史态势判定为失败者(失败与否主要通过 PIR 历史趋势特征来论断),都在其 PIR 处在历史峰值时,曾经至少有一项关键赶超度为负数。

# 第七章　截面回归建模与分析（二）：非结构指标和综合分析

**表7-3**　　1980~2015年所有发展中样本经济体 PIR 取
最大值时的四大关键赶超度和跨越态势研判

| 经济体 | PIR$_{max}$ 年份 | 值 | 当年×××赶超度 机电装备占比对数 | 轻机电占比对数 | 出口额对数 | 创新活跃度指数 | 为负项数 | 跨越态势研判 |
|---|---|---|---|---|---|---|---|---|
| 中国台湾 | 2000 | 1.022 | 0.219 | 1.458 | 0.628 | 0.935 | 0 | 成功 |
| 韩国 | 2006 | 1.001 | 0.196 | 1.064 | 0.289 | 2.794 | 0 | 成功 |
| 捷克 | 2008 | 0.883 | 0.593 | 1.005 | 0.678 | 0.193 | 0 | 成功 |
| 阿根廷 | 1998 | 0.638 | -1.463 | -3.294 | -1.176 | -1.025 | 4 | 失败 |
| 匈牙利 | 2008 | 0.513 | 0.464 | 1.561 | 0.768 | 0.842 | 0 | 待观察 |
| 墨西哥 | 1981 | 0.414 | -2.066 | -0.801 | -0.692 | -1.552 | 4 | 失败 |
| 波兰 | 2008 | 0.386 | 0.255 | 0.515 | 0.212 | 0.233 | 0 | 待观察 |
| 巴西 | 2011 | 0.228 | -0.457 | -1.791 | -0.724 | -1.467 | 4 | 失败 |
| 土耳其 | 2008 | 0.104 | -0.023 | -0.244 | -0.289 | -0.345 | 4 | 失败 |
| 哥斯达黎加 | 2015 | 0.064 | -0.309 | 0.001 | -0.584 | -1.269 | 4 | 失败 |
| 南非 | 1981 | 0.032 | -1.099 | -2.309 | 0.366 | 1.552 | 2 | 失败 |
| 马来西亚 | 2014 | 0.018 | -0.093 | 2.131 | 1.025 | 0.609 | 1 | 失败 |
| 中国大陆 | 2015 | -0.227 | 0.027 | 1.315 | 0.445 | 1.595 | 0 | 待观察 |
| 约旦 | 1982 | -0.380 | -0.900 | -0.809 | -0.875 | -5.273 | 4 | 失败 |
| 泰国 | 2013 | -0.532 | 0.362 | 1.624 | 0.881 | 0.306 | 0 | 待观察[①] |
| 突尼斯 | 1980 | -0.607 | -0.153 | -0.558 | -0.052 | -0.204 | 4 | 失败 |
| 萨尔多瓦 | 2002 | -0.812 | -1.328 | -1.686 | -0.398 | -5.111 | 4 | 失败 |
| 危地马拉 | 1985 | -0.818 | -0.823 | -2.312 | -0.776 | 0.690 | 3 | 失败 |
| 摩洛哥 | 1980 | -0.921 | -2.105 | -2.510 | -0.539 | -0.876 | 4 | 失败 |
| 斯里兰卡 | 2015 | -1.018 | -0.392 | -2.644 | -0.577 | 0.907 | 3 | 失败 |
| 印度尼西亚 | 2012 | -1.039 | -0.580 | 0.117 | 0.124 | -1.758 | 2 | 失败 |
| 埃及 | 2015 | -1.145 | -0.637 | 0.359 | -0.921 | 0.109 | 2 | 失败 |
| 菲律宾 | 1982 | -1.191 | -0.788 | 1.515 | -0.474 | 0.000 | 2 | 失败 |
| 印度 | 2015 | -1.793 | 0.153 | -1.485 | 0.029 | -0.010 | 2 | 尚早 |

注：①此处关于泰国跨越态势做出"待观察"的研判，是基于其2013年 PIR 峰值时，四项赶超度全部为正的情况。此前泰国曾经在1996年出现过一次阶段性峰值 -0.574，1996年泰国四项关键赶超度中创新活跃度赶超度为 -1.11，其余三项均为大幅正值。可见，上次跨越失败主要原因是由于技术创新的动力不足。

资料来源：基于 UN Comtrade、联合国贸发会议（UNCTAD）、世界知识产权组织（WIPO）数据建模结果。

**2. 从工业化质量要求上看，需要结构变迁和技术创新的在动力机制上形成合力**

上述两方面动力有一方面欠缺，都会导致跨越失败。图7-7揭示1986年及以后马来西亚跨越PIR变动和工业化特征变量赶超度之间的关系，可提供典型案例。1986年之后，马来西亚PIR曾出现三次峰值，即到达该值之后便不能再上升。除图中显示的机电装备出口占比对数赶超度、创新活跃度之外，马来西亚另外两大关键赶超度，轻机电出口占比对数赶超度、总出口额对数赶超度所有年份都大幅正值，因此在另两方面工业化特征，不会形成跨越动力的拖累。以下主要观察每次峰值时机电装备出口占比对数赶超度、创新活跃度赶超度的表现。

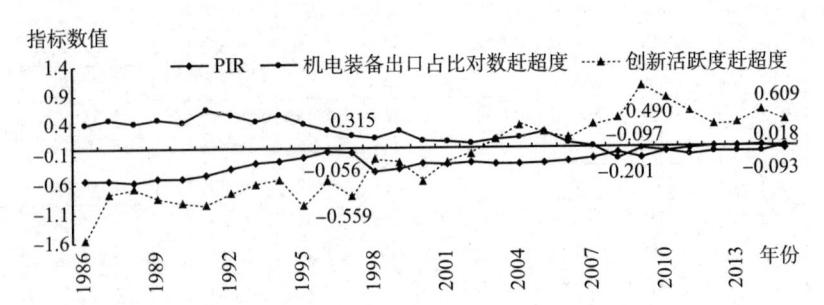

图7-7 1986~2015年马来西亚PIR和两关键赶超度指标变动态势对照

资料来源：基于UN Comtrade、联合国贸发会议（UNCTAD）、世界知识产权组织（WIPO）数据建模结果。

PIR第一次阶段峰值出现在1996年，当年PIR为-0.056，当年机电装备出口占比对数赶超度、创新活跃度赶超度分别为0.315、-0.559，后者为负，表明此间因为技术创新动力欠缺，相对收入水平难以再提升。

PIR第二次峰值出现在2008年，当年PIR为-0.097，而当年机电装备出口占比对数赶超度、创新活跃度赶超度分别为－0.201、0.490，表明当年 PIR 再提升受到结构转变动力的拖累。有意思的是，1998 年 PIR 曾处于－0.403 的低水平，该年机电装备出口占比对数赶超度为 0.169，而随着 PIR 上升，该项赶超度逐渐下降并转负，反映出机电装备出口占比并没有随着 PIR 上升而亦步亦趋地上升，并为 PIR 继续上升提供结构动力。因此，也可以说，从 1998 年至 2008 年，马来西亚制造业关键结构变动和 PIR 上升之间和没有形成良性互动关系。

PIR 第三次峰值出现在 2014 年，当年 PIR 为 0.018，刚越过 0，当年机电装备出口占比对数赶超度、创新活跃度赶超度分别为－0.093、0.609。可见，PIR 要继续提升，仍面临结构转换动力相对不足的问题，未来马来西亚跨越中等收入陷阱的前景仍不容乐观。

（三）分世界区域评判发展中样本经济体工业化质量和跨越前景

**1. 东亚经济体发展绩效分化程度显著**

1970 年时，中国台湾地区、韩国、马来西亚、泰国、菲律宾、印度尼西亚的 PIR 分别为－0.843、－1.171、－0.991、－1.530、－1.495、－2.323。当年韩国收入水平还低于马来西亚，但差距不大，而泰国、菲律宾、印度尼西亚的收入水平则明显比中国台湾地区、韩国、马来西亚档次更低。到 1998 年左右，各经济体发展业绩分化已经非常明显。1998 年分化后，各自所处的 PIR 区间则相对稳定。

——中国台湾地区、韩国。1998~2015 年，两经济体收入水平都稳定在"较高"（PIR ≥ 0.5）档次。

——马来西亚。收入水平一直在"中高"（－0.5 ≤ PIR < 0.5）

区间徘徊，根据上文分析，由于工业化质量仍有欠缺，至少未来10年左右时间，马来西亚跨越中等收入陷阱前景仍不容乐观。

——泰国一直处在"中中"（$-1 \leqslant \text{PIR} < -0.5$）档次，1996年曾有一次 PIR 峰值记录，但 1996 年其创新活跃度赶超度为 $-1.11$，表明创新活跃度不足一定程度导致当时跨越失败。如表 7-3 所示，近年其四项关键赶超度都为正，表明工业化质量大体和当前收入水平相适应，因此，如果这种工业化态势得到持续，未来收入水平有望突破"中中"，提升至"中高"（PIR 越过"中高"低限值 $-0.5$）档次。

——菲律宾和印度尼西亚收入水平一直在中低档次（$-2 \leqslant \text{PIR} < -1$），未突破"中中"低限，并且从四项赶超度表现看，其工业化质量尚没有和当前收入水平形成良性互动关系。

**2. 东欧部分经济体工业化质量持续改善，其跨越前景可期**

除本研究已确认跨越成功的捷克之外，匈牙利、波兰均在 2008 年收入水平率（PIR）分别高至 0.513、0.386，已超过或接近"较高"收入水平的低限，并且，它们实现上述高收入水平的当年，四项关键赶超度都维持相当幅度正值，其中匈牙利幅度尤高。尽管 2008 年以后，两经济体收入水平率受欧元汇率影响有所下降，但基于关键赶超度衡量其工业化质量，可以判断，未来上述两个东欧经济体跨越中等收入陷阱前景可期。

**3. 大部分南美经济体工业化质量很差，进入 21 世纪少数国家有改善**

20 世纪 80 年代初南美经济体收入水平都相当幅度地高于世界平均水平，但历史上各国处在收入水平历史峰值时，如阿根廷、巴西、哥斯达黎加、萨尔多瓦、墨西哥等，都是四项关键赶超度全部大幅负值，反映出各国工业化质量和制造业基础非常差。正因为如此，各国相对收入高度都持续滑落，下滑后再持续

## 第七章 截面回归建模与分析（二）：非结构指标和综合分析

徘徊在世界平均水平附近。从 2000 年后各项赶超度的态势来看，南美工业型经济体中，墨西哥的工业化质量有程度不大的改善，但阿根廷、巴西、哥斯达黎加、萨尔多瓦工业化质量并没有明显改善。

**4. 非洲和西亚经济体工业化质量普遍倒退或在低水平徘徊**

南非在 1981 年 PIR 取得最大值 0.032 时，其关键四项赶超度有两项为正，两项为负。此后，南非相对收入水平持续下降，且进入 21 世纪后长期都是四项赶超度全为负值，表明随着收入水平下降，工业化质量在以相对更快的速度下滑。位于北非的突尼斯、摩洛哥都是大部分年份四项赶超度都为负值。埃及在北非属于工业化质量相对较好者，2015 年 PIR 取得历史最大值 -1.145，同时两项赶超度为正，即轻机电占比对数赶超度、创新活跃度指数分别为 0.359、0.109。位于西亚的土耳其、约旦则大部分年份都是四项关键赶超度为负值。

# 第八章

# 中国工业化形势和跨越前景研判

从第二章开始，本研究深入到数量层面，多角度全面分析和揭示工业化各方面的态势特征对中等收入陷阱跨越的重要意义。在这个过程中，我们对关于中国的比较指标结果未曾展开观察。本章拟先总结和观察关于中国的量化指标结果，再就某些指标做区域对比分析。在此基础上，我们将评估中国工业化形势，预判未来中国跨越中等收入陷阱的前景，并提出相关建议。

## 一、关于中国整体量化指标的回顾和总结

### （一）PIR 和产业量比

图 8-1（1）显示，从 1995 年开始，中国收入水平率（PIR）指标呈持续攀升态势，2015 年达到 -0.227。图 8-1（2）显示，2004 年以后，中国矿产业量比、制造业量比、服务业量比都呈持续攀升态势，2015 年分别达到 0.057、0.212、0.391。

## 第八章 中国工业化形势和跨越前景研判

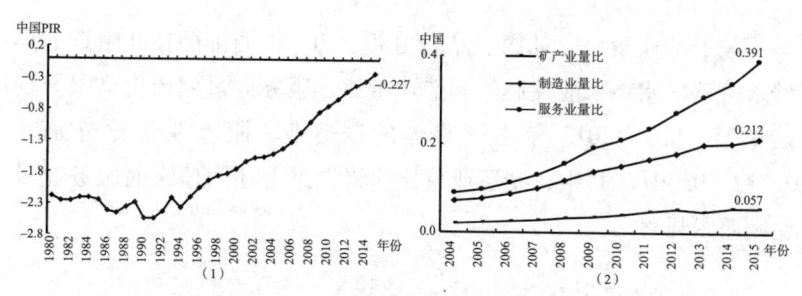

**图 8-1　1980~2015 年中国 PIR 指标和
2004~2015 年中国主要产业量比指标**

资料来源：基于联合国贸发会议（UNCTAD）数据计算。

从收入水平率指标看，2015 年中国整体 PIR 尚未达到 0，即中国全经济体的人均收入水平尚未抵达，但正在接近世界平均水平。按照目前中国和世界人均 GDP 增长态势，预计在 2015 年之后约三年时间，中国整体人均 GDP 将达到并越过世界平均水平，并进入中等收入陷阱跨越的关键时期。

**图 8-2　1980~2015 年中国出口规模比较指数值**

资料来源：基于 UN Comtrade、联合国贸发会议（UNCTAD）建模和计算。

关于产业量比，如第三章曾分析，PIR长期徘徊在0附近的典型未跨越者始终未能突破的制造业量比、服务业量比历史高限分别是0.25、0.7。2015年中国整体的制造业、服务业量比分别是0.212、0.391。其中，制造业量比即将接近上述限值，而服务业量比则差距显著。

（二）出口总量规模比较指标

1980~2015年，中国大陆"出口规模比较指数值（CDEI）"从0.212持续上升至2.127。这一高度和中国台湾地区在1981年（当年其PIR为-0.026）、韩国在1986年（当年其PIR为-0.113）相当。根据第四章的国际比较指标，历史上非特定禀赋跨越者和未跨越者CDEI的差别是跨越者指数值在突破约2.5的高度上能持续维持或超越上述高度。2015年中国整体CDEI离上述高度（2.5）仍稍有距离。

（三）出口产业结构

中国1992~2015年各产品类别占全部货物出口额比重趋势如图8-3、表8-1所示。

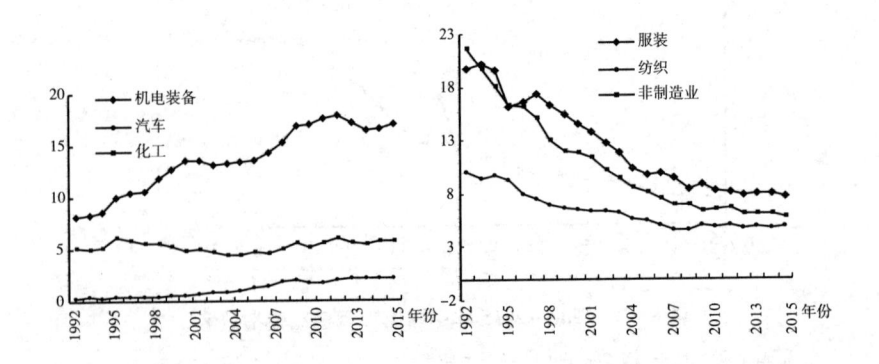

# 第八章 中国工业化形势和跨越前景研判

**图 8-3 1992~2015 年中国不同产品类别在货物出口总额中占比趋势**

资料来源：基于 UN Comtrade 数据计算。

**表 8-1 1992~2015 年中国不同产品类别在货物出口总额中占比趋势（%）**

| 年份 | 服装 | 纺织 | 机电装备 | 汽车 | 化工 | 钢铁 | 轻机电 | 其他制造品 | 非制造品 |
|---|---|---|---|---|---|---|---|---|---|
| 1992 | 19.7 | 10.1 | 8.1 | 0.3 | 5.1 | 1.6 | 7.1 | 26.3 | 21.7 |
| 1995 | 16.2 | 9.4 | 10.0 | 0.4 | 6.1 | 3.5 | 10.7 | 27.5 | 16.3 |
| 2000 | 14.5 | 6.5 | 13.5 | 0.6 | 4.9 | 1.8 | 19.0 | 27.5 | 11.8 |
| 2001 | 13.8 | 6.3 | 13.6 | 0.7 | 5.0 | 1.2 | 21.4 | 26.7 | 11.4 |
| 2002 | 12.7 | 6.3 | 13.2 | 0.8 | 4.7 | 1.0 | 25.0 | 26.1 | 10.1 |
| 2003 | 11.9 | 6.1 | 13.3 | 0.8 | 4.5 | 1.1 | 28.7 | 24.2 | 9.4 |
| 2004 | 10.4 | 5.6 | 13.5 | 1.1 | 4.4 | 2.3 | 30.7 | 23.4 | 8.6 |
| 2005 | 9.7 | 5.4 | 13.6 | 1.3 | 4.7 | 2.5 | 31.4 | 23.3 | 8.1 |
| 2006 | 9.8 | 5.0 | 14.3 | 1.5 | 4.6 | 3.4 | 31.3 | 22.5 | 7.6 |
| 2007 | 9.5 | 4.6 | 15.3 | 1.9 | 4.9 | 4.2 | 30.1 | 22.5 | 6.9 |
| 2008 | 8.4 | 4.6 | 16.8 | 2.0 | 5.5 | 5.0 | 28.3 | 22.5 | 6.9 |
| 2009 | 8.9 | 5.0 | 17.0 | 1.7 | 5.2 | 2.0 | 30.5 | 23.4 | 6.4 |
| 2010 | 8.2 | 4.9 | 17.6 | 1.8 | 5.5 | 2.5 | 30.1 | 22.9 | 6.4 |
| 2011 | 8.1 | 5.0 | 17.8 | 2.0 | 6.0 | 2.9 | 27.7 | 23.8 | 6.7 |
| 2012 | 7.8 | 4.7 | 17.1 | 2.1 | 5.5 | 2.6 | 27.9 | 26.2 | 6.0 |
| 2013 | 8.0 | 4.8 | 16.5 | 2.1 | 5.4 | 2.5 | 28.5 | 26.2 | 6.0 |
| 2014 | 8.0 | 4.8 | 16.5 | 2.2 | 5.7 | 3.1 | 27.0 | 26.7 | 6.0 |
| 2015 | 7.7 | 4.8 | 17.0 | 2.2 | 5.7 | 2.8 | 27.6 | 26.7 | 5.7 |

资料来源：基于 UN Comtrade 数据计算。

**1. 高资本高技术密度产品占比持续攀升或先升再相对持稳**

其中，机电装备出口占比1992~2011年从8.1%升至17.8%，而后在微降中大体持稳，2015年为17.0%。汽车出口占比1992~2015从0.5%缓慢攀升至2.2%。化工制药出口占比1992~2015年在波动中从5.1%稍升至5.7%。轻机电出口占比1992~2005年从7.1%升至31.4%，而后波动并回落，2015年为27.6%。

**2. 低资本低技术密度产品占比持续下降**

其中，服装出口占比1992~2015年从19.7%降至7.7%。纺织出口占比1992~2015年10.1%降至4.8%。非制造业产品占比1992~2015年从21.7%持续降至5.7%。

**3. 其他类别产品占比攀升到一定高度回落或上下波动**

钢铁出口占比1992~2008年从1.6%升至5.0%，而后稍降和波动，2015年为2.8%。其他制造品出口占比1992~1999年从26.3%升至29.0%，而后波动并稍降，2015年为26.7%。

**4. 关于中国出口产业结构趋势的评论**

中国大陆出口产品类别结构趋势符合正常经济发展的产业升级要求，也和韩国、中国台湾地区等成功赶超发展经济体相应历史阶段的出口结构变动趋势大体一致。不过需注意的是，由于中国国内发展的区域梯度性，今后中国出口产品结构变动会越来越表现出独特性和复杂性。因东部沿海地带的人均收入和相应要素成本已达到甚至超过全球平均水平，根据其他成功赶超发展经济体的经验，此后，东部沿海地带出口规模增速将放慢，出口产品结构则将继续原来的趋势，即高资本高技术密度出口占比继续上升，其他类产品占比或持稳或下降。同时，由于中西部地区出口增速会明显快于东部沿海地带，其出口占比将越来越高，并可能一定程度冲击东部沿海地带的绝对主体地位，而低资本低技术密度出口在中西部出口中占据很大比重。因而，就中国整体出口而言，未来高资本高技术密度的机电装备、汽车、化工在未来某些时期可能停止上升,低资本低技术密度出口占比也可能停止下降或转而上升。由此,需要将中国高收入区、中低收入区的出口结构分开观察,才能正确研判出口产品结构趋势,而这需要以政府公布分省分类产品贸易数据作为条件。

### (四)创新活跃度

图 8-4 显示 1985~2015 年中国百万人口发明专利申请量、创新活跃度指数变动趋势,二者均呈持续大幅攀升态势。2015 年中国百万人口发明专利申请量(PCIPQ)达 703.6,创新活跃度指数(PCIPI)达 0.619,均在世界经济体中排名第四位,即位居世界前列。

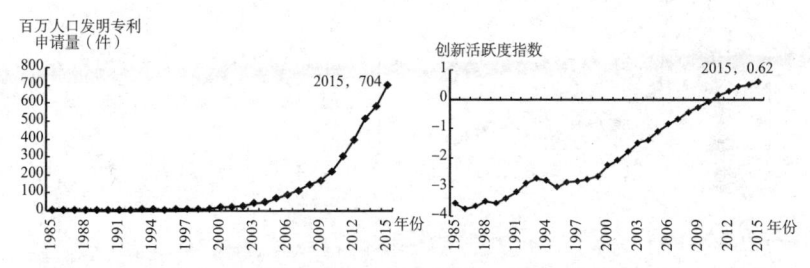

**图 8-4  1980~2015 年中国百万人口发明专利申请量和创新活跃度指数**

资料来源:基于 UN Comtrade、联合国贸发会议(UNCTAD)、世界知识产权组织(WIPO)数据建模和计算。

### (五)赶超度

1980~2015 年各项赶超度变动态势如图 8-5 所示。表 8-2 分别列示各项赶超度在 1980~2015 年整个时期的均值,数值为正的年份数所占比率(正值占比),2014 年和 2015 年中国各项关键赶超度。以下参照图 8-5、表 8-2 开展分析。

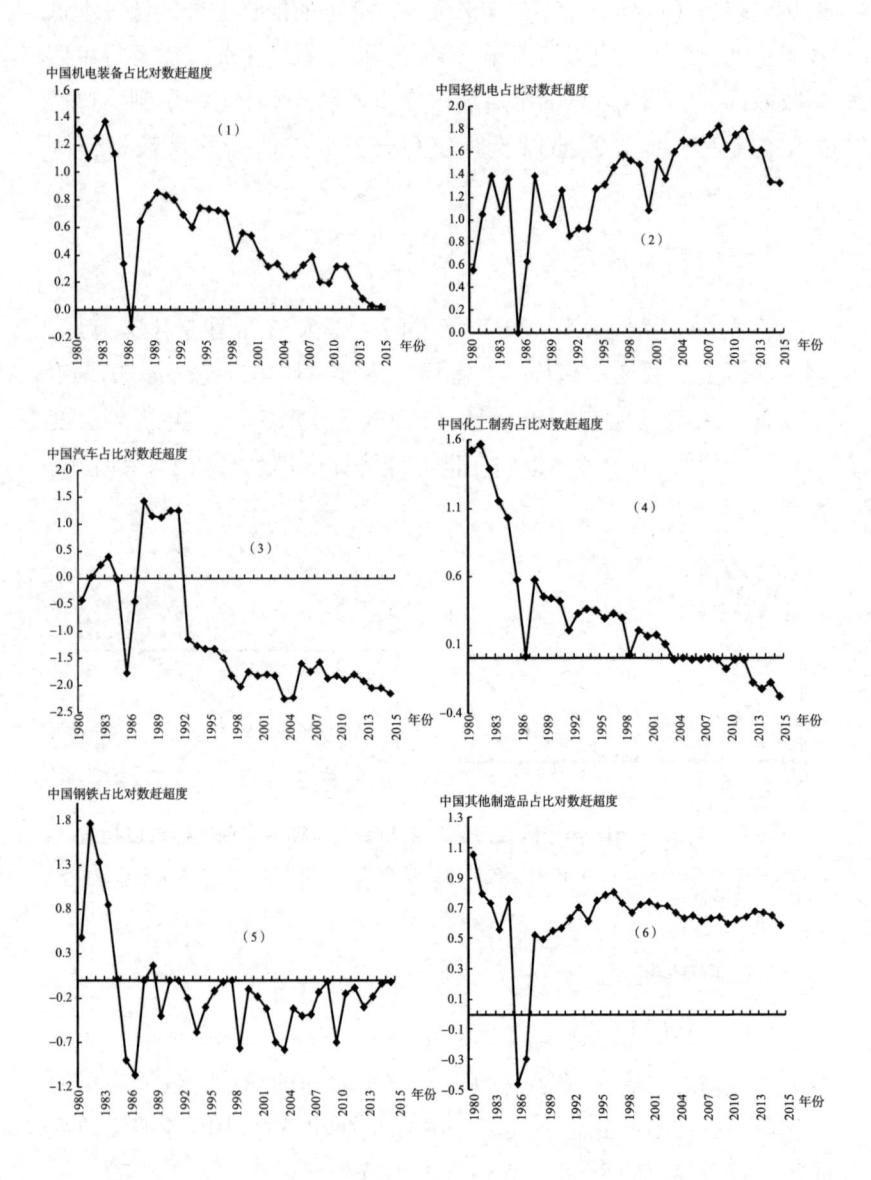

中国机电装备占比对数赶超度 (1)

中国轻机电占比对数赶超度 (2)

中国汽车占比对数赶超度 (3)

中国化工制药占比对数赶超度 (4)

中国钢铁占比对数赶超度 (5)

中国其他制造品占比对数赶超度 (6)

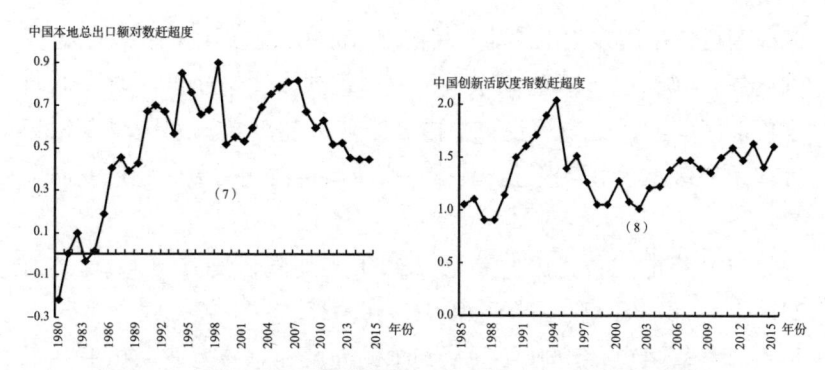

# 第八章 中国工业化形势和跨越前景研判

**图 8-5 基于截面分析得到的 1980~2015 年中国赶超度指标**

资料来源：基于 UN Comtrade、联合国贸发会议（UNCTAD）、世界知识产权组织（WIPO）数据建模和计算。

**表 8-2 基于截面分析得到的中国赶超度分析若干指标**

| 时期，赶超度 | | 关键 | | 次关键 | | | | 总出口额对数 | 创新活跃度 |
|---|---|---|---|---|---|---|---|---|---|
| | | 机电装备 | 轻机电 | 汽车 | 化工制药 | 钢铁 | 其他制造品 | | |
| | | 出口占比对数 | | | | | | | |
| 1980~2015① | 均值 | 0.544 | 1.310 | -1.050 | 0.306 | -0.126 | 0.613 | 0.515 | 1.359 |
| | 正值占比（%） | 97 | 100 | 22 | 67 | 22 | 94 | 94 | 100 |
| 2014 年 | | 0.031 | 1.329 | -2.040 | -0.179 | -0.039 | 0.648 | 0.445 | 1.402 |
| 2015 年 | | 0.027 | 1.315 | -2.142 | -0.277 | -0.013 | 0.587 | 0.445 | 1.595 |

注：①其中 PCIPI 指标赶超度的观测期为 1985~2015 年。

资料来源：基于 UN Comtrade、联合国贸发会议（UNCTAD）、世界知识产权组织（WIPO）数据建模和计算。

## 1. 主要出口产业占比对数赶超度

1980~2015 年，中国机电装备、轻机电两大关键产业出口占比对数赶超度平均值分别为 0.544、1.310，为正值年数占比分别为 97%、100%。就汽车、化工制药、钢铁、其他制造品四大次关键产业而言,中国在化工制药、其他制造品占比赶超度的平均值也分别达到0.306、0.613的高水平;中国钢铁占比赶超度一直在低幅度负值区间波动。应该说,中国分产业赶超度模式和跨越者相接近,和未跨越者不相接近。具体各产业出口占比对数赶超度变动态势如下。

(1)机电装备。1980年后从约1.2高度,呈波动下降态势。2014年、2015年已分别降至0.031、0.027。

(2)轻机电。1980年后从约1.2高度,总体呈波动稍上升态势。2014年、2015年分别为1.33、1.32。

(3)汽车。1992年前正负不定,1992年后持续小于0,2014年、2015年分别为-2.04、-2.14。

(4)化工制药。1981年为1.562,此后总体呈持续下跌态势,2003~2008年在0附近微幅波动,2008年后负值幅度有所扩大,2014年、2015年该项赶超度分别为-0.17、-0.28。

(5)钢铁。1985年后,一直在一定幅度负值和0之间波动,2014年、2015年分别为-0.039、-0.013。

(6)其他制造品。1987年及以后一直为显著正值,2014年、2015年分别为0.65、0.49。

**2. 本地出口额对数赶超度**

1980~2015年均值为0.526。除1980年、1983年外所有年份该项赶超度为正,1998年前总体呈攀升态势,1998年达历史最大值0.899。2014年、2015年均为0.445。

**3. 创新活跃度赶超度**

1985~2015年均值为1.359。1985年来,中国该项赶超度一直都在0.9以上。最大值是1994年达到的2.037。2014年、2015年该项赶超度分别达1.40、1.60。

### (六) 总结

2015年中国矿产业量比只有0.057，表明中国整体应归属于非特定禀赋经济体，因此只能依靠深化工业化和发展制造业来实现收入水平提升和中等收入陷阱跨越。中国相对收入水平率（PIR）、中国制造业量比和服务业量比，中国出口规模比较指数值（CDEI）都表明，中国即将在未来三年左右时间（以2015年为基准），进入跨越中等收入陷阱的关键时期。中国四大关键赶超度一直都为显著正值，表明在制造业结构变迁和技术创新方面，中国已经为跨越中等收入陷阱准备较好的工业化条件。未来，只要结构变迁和技术创新的趋势得到维系，中国有望跨越中等收入陷阱。

不过，中国经济发展呈现明显的地域梯度性。因此，从下节开始，拟多角度揭示中国分省区收入水平和工业化的数量特征，并由此分区判断中国工业化和中等收入陷阱跨越的基本形势。

## 二、分省区收入水平率和产业量比指标的观察和比较

### （一）指标定义和计算

由于省区人均GDP指标，省区人均产业产值指标和一个经济体的人均GDP指标、人均产业产值具有可比性，因此，省区收入水平率指标和产业量比指标和经济体的同名指标计算方法类同。计算式如式（8-1）、（8-2）所示，其中"人均收入"仍取用人均GDP。

$$\text{省区 PIR} = \ln(\text{本省区收入水平量比 (R-income)})$$
$$= \ln\left(\frac{\text{省区人均 GDP}}{\text{全球人均 GDP}}\right) \quad (8-1)$$

$$\text{省区 i 产业全球人均 GDP 量比} = \frac{\text{本省区人均 i 产业增加值}}{\text{全球人均 GDP}} \quad (8-2)$$

$$\text{省区 i 产业产值水平率} = \ln(\text{省区 i 产业量比})$$

$$= \ln\left(\frac{\text{本省区人均 i 产业增加值}}{\text{全球人均 GDP}}\right) \quad (8-3)$$

## (二) 总体情况

由于中国尚未实现所有省（包括自治区、直辖市，下同）发布制造业增加值数据，因此以下计算和考察各省区工业量比和服务业量比。图8-6按工业量比大小排序，对照展现中国各省区工业量比、服务业量比、PIR。参照第三章关于中等收入经济体制造业和服务业关系的结论，初步做以下研判。

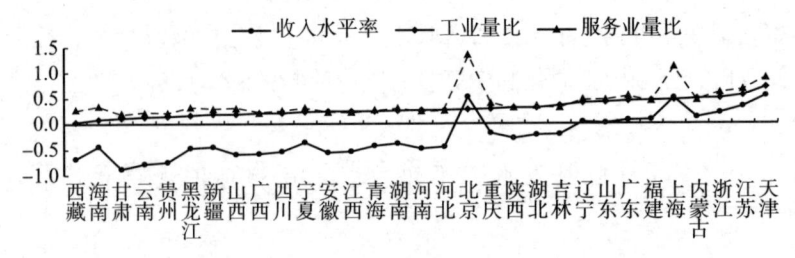

**图8-6 2015年中国各省区工业量比、服务业量比和 PIR 指标对照（按工业量比大小排序）**

资料来源：基于联合国贸发会议（UNCTAD）、中国国家统计局在线数据计算。

（1）大部分省区服务业量比和工业量比属正常匹配关系。服务业量比线总体靠近工业量比线，大部分省区服务业量比只是略大于工业量比。这表明就中国省区之间对比而言，也是工业化程度同时决定工业量比、服务业量比的高度，两产业量比高度则能一定程度作为各省区工业化深度的反映。

（2）少数省区服务业量比指标和工业量比指标不相匹配。其中，北京、上海、西藏、海南的服务业量比明显高于工业量比。原因是这些省区有部分服务业，如北京、上海的金融、教育、航运，西藏、海南的旅游等服务业，能独立于本省区工业化进程得到较快发展。需指出，这种"独立"仅相对于本省区而言，这些省区的上述服务业发展，仍需中国、世界范围的工业化进程作为外部市场条件。

（三）基于工业量比和收入水平的省区市分组

由于省区之间情况差距较大，因此分组研判各省区面临中等收入陷阱问题的基本形势。表 8-3 显示省区市分组情况和分省区的产业量比、收入量比、收入水平率（PIR）指标数值（按 PIR 大小排序）。

表 8-3 2015 年中国分省区市收入水平率指标和产业量比指标

| \_\_\_\_高收入区\_\_\_\_ |||| \_\_\_\_中收入区\_\_\_\_ |||| \_\_\_\_低收入区\_\_\_\_ ||||
|---|---|---|---|---|---|---|---|---|---|---|---|
| 省区 | PIR | 工业量比 | 服务业量比 | 省区 | PIR | 工业量比 | 服务业量比 | 省区 | PIR | 工业量比 | 服务业量比 |
| 天津 | 0.538 | 0.723 | 0.893 | 重庆 | -0.187 | 0.293 | 0.396 | 黑龙江 | -0.469 | 0.168 | 0.317 |
| 北京 | 0.524 | 0.272 | 1.345 | 吉林 | -0.211 | 0.352 | 0.315 | 河南 | -0.477 | 0.265 | 0.249 |
| 上海 | 0.498 | 0.469 | 1.115 | 湖北 | -0.219 | 0.314 | 0.346 | 四川 | -0.539 | 0.214 | 0.255 |
| 江苏 | 0.333 | 0.557 | 0.678 | 陕西 | -0.281 | 0.308 | 0.308 | 江西 | -0.541 | 0.241 | 0.228 |
| 浙江 | 0.208 | 0.494 | 0.613 | 宁夏 | -0.364 | 0.234 | 0.309 | 安徽 | -0.561 | 0.240 | 0.223 |
| 内蒙古 | 0.120 | 0.489 | 0.456 | 湖南 | -0.389 | 0.257 | 0.299 | 广西 | -0.583 | 0.211 | 0.217 |
| 福建 | 0.075 | 0.449 | 0.448 | 青海 | -0.424 | 0.242 | 0.271 | 山西 | -0.591 | 0.189 | 0.294 |
| 广东 | 0.068 | 0.445 | 0.542 | 海南 | -0.435 | 0.085 | 0.345 | 西藏 | -0.678 | 0.035 | 0.273 |
| 辽宁 | 0.036 | 0.407 | 0.479 | 河北 | -0.449 | 0.270 | 0.257 | 贵州 | -0.748 | 0.149 | 0.212 |
| 山东 | 0.017 | 0.419 | 0.461 | 新疆 | -0.454 | 0.187 | 0.284 | 云南 | -0.783 | 0.129 | 0.206 |
| | | | | | | | | 甘肃 | -0.880 | 0.109 | 0.204 |

资料来源：基于联合国贸发会议（UNCTAD）、中国国家统计局在线数据计算。

(1) 高收入区，2015年已进入跨越关键期。取2015年所有PIR大于0的省区作为该区成员。2015年该组PIR最低的山东省的PIR为0.017。第三章曾提到，马来西亚、墨西哥、土耳其等未跨越者制造业量比普遍不能难以持续迈过的量值是0.25，对照计算可看出，其相应的工业量比量值是0.40。有意思的是，高收入省区中除北京市外，2015年各省区的工业量比也都已迈过0.4的限度值。其中，最低者为辽宁、山东，分别为0.407、0.419。工业量比最高者为天津市、江苏省，工业量比值分别达0.723、0.557，已达到或接近中国台湾地区、韩国等跨越者2015年的水平。不过，考虑到东部省区户籍人口数低估实际参与经济活动的人口规模，另外毕竟其服务业量比和跨越者相比仍差距明显，因此至少就2015年情况论，尚不能结论天津、江苏已经跨越中等收入陷阱。从总体情况看，由于该大区所有省区人均GDP已超出全球平均水平，未来这些省区已不具备主要依靠要素成本优势发展外向型制造业的空间。

(2) 中收入区，2015年即将面临中等收入陷阱问题。取2015年PIR所处范围为[−0.454, 0)的省区作为该区省区成员。除海南省工业量比0.085偏低之外，该区省区工业量比所处范围为[0.187, 0.353]。该区各省区工业化具一定基础，发展外向型制造业仍具一定要素成本优势空间，不利因素是该区各省区都位于中部或不沿边西部地区，制造业和工业化面临运输、贸易和其他商务成本较高问题。

(3) 低收入区，2015年尚未直接面临中等收入陷阱问题。取2015年PIR所处范围为[−0.880, −0.454)的省区作为该区成员。除西藏工业量比0.035偏低之外，该区省区工业量比所处范围为[0.109, 0.265]。该区各省区工业化基础欠缺，同时要素成本优势明显，且大部分省区处于沿边地区，因此，未来仍可一定程度，依靠低要素成本优势，推动各类型工业部门发展。如果该区当前面临中等收入陷阱问题,也是间接意义上的,主要体现为其他省区已经或即将面临该问题,会对全国经济发展大环境产生不利影响。

(四) 对中国下一阶段经济发展的启示

基于本研究前面各章的相关国际比较,可认为,目前,中国收入水平位居前10的省区,正进入中等收入陷阱跨越关键阶段,如果这些省区(除北京市外)的工业量比上升态势得到持续,则未来高收入区跨越中等收入陷阱前景乐观。中等收入区即将进入跨越关键期,低收入区则尚未直接面临中等收入陷阱问题。根据第三章所阐释的规律和他国经验,从跨越中等收入陷阱的要求看,在当前及以后,大部分都位于东部的高收入省区的制造业、工业量比仍需大幅提升,即仍然需要制造业发展对服务业发展,对整体收入水平提升发挥先导和主导作用。因此,东部高收入地区仍需特别重视制造业发展,并应在发展制造业的过程中,注意发挥制造业对服务业的促进和带动作用,注意培植服务业增长点。由于收入水平提升带来要素成本提升,为强化竞争力,高收入地区制造业结构需进一步向高资本高技术部门转型。中西部地区仍可一定程度发挥要素成本优势,全方位推进各类型制造业发展。

## 三、分省区货物出口发展态势的观察和比较

第四章曾设计出口额的量化比较指标"出口规模比较指数值(CDEI)",该指标要基于经济体出口额、人口和截面回归方程才得以计算出来。由于国内省区的对外出口额只是对中国境外的出口额,没有包括对本省区之外中国地区的国内贸易额,因此,中国分省区对外出口额的数据和其他经济体的出口额之间不具有可比性。

为此，本研究不准备——实际上也不可行——基于中国分省区出口额数据计算各省区出口规模比较指数值（CDEI），而只是就出口总量、出口增长的历史趋势，在中国省区之间进行比较，并由此发掘相关信息，以揭示出口和工业化的地域格局和历史趋势，并分析这种格局趋势和经济发展的关系。

### （一）出口额地域占比趋势：2010年开始高收入省区的高占比持续下降

基于分组加总计算，图8-7显示高、中、低收入区三大区域的出口额（按货源地口径）占全国出口总额的比率。高收入区占比经历先上升后下降发展历程，但始终在84%以上，其中2005年占比值最高，达90.4%，此后，经历波动后2009年仍达90.2%。2010年开始，高收入区占比总体持续下降，2014年降至84%，2016年微升至84.6%。1993年，中、低收入区出口占比分别为10.7%、7.2%。此后持续下降。其中，中收入区占比2003年降至4.6%，此后大体保持上升态势，2016年达8%；低收入区占比2009年降至4.8%，此后基本趋势也是上升，2015、2016两年稍有下降，2016年占比为7.5%。

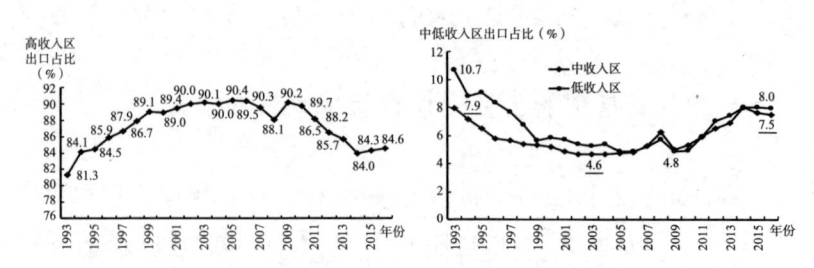

**图8-7 中国不同收入水平地区出口占比的变动态势**

资料来源：联合国贸发会议（UNCTAD）、中国国家统计局在线数据计算。

(二)出口增量地域格局的变化：2010年后部分中西部省区跻身增量额前10

**1. 1993~2010年**

计算该时期各省区出口额增量，排序结果如表8-4所示，再计算2个比率和1个倍率。

(1)本省区出口额增加量占全国出口额增加总量的比率，如表8-4中比率1所示。

(2)本省区出口额增量相当于1993~2010年GDP增加量的比率，如表8-4中比率2所示。

(3)本省区2010年出口额相比1993年出口额的倍率，简称比较倍率、倍率。

基于表8-4所示计算结果，从以下方面对此间中国分区出口发展和工业化进程做相关研判。

(1)关于各省区市出口对本省区经济增长的重要作用。出口增量额位居前10位的省区，和表8-3中收入水平排前10位省区，有9个重合。其中，出口增量额前10省区中不重合者是增量额位居第10的河北省，人均GDP前10省区中不重合者是人均GDP位居第5的内蒙古。通常出口增量额相对更高者，2015年人均GDP排名也靠前，这表明，对那些自然资源禀赋不像内蒙古那样具备特定优势的省区而言，出口额大规模扩张是人均GDP提升的主导力量，而工业化进程和制造业发展，又是出口大规模扩张的产业基础。

(2)关于出口增长态势的度量。需要将出口额增量和对比倍率结合起来观察，才能完整把握各省区出口增长的业绩及其对全国经济增长的影响。出口额增量最大的广东、江苏、浙江、上海、山东的出口额增量占比分别高达28.9%、18.6%、13.2%、11.1%、7.1%，其中广东省的出口额为4296亿美元，远高于其他省区。不

表 8-4　1993~2010 年中国各省区市出口增量及其对全国出口增量和 GDP 增量影响的度量（亿美元，%）

| 省区 | 增量 | 比率 1 | 比率 2 | 倍率 | 省区 | 增量 | 比率 1 | 比率 2 | 倍率 | 省区 | 增量 | 比率 1 | 比率 2 | 倍率 |
|---|---|---|---|---|---|---|---|---|---|---|---|---|---|---|
| 广东 | 4296 | 28.9 | 14.6 | 12.4 | 湖北 | 126 | 0.85 | 0.43 | 10.9 | 陕西 | 50 | 0.34 | 0.17 | 9.0 |
| 江苏 | 2761 | 18.6 | 9.4 | 52.2 | 新疆 | 121 | 0.82 | 0.41 | 28.7 | 黑龙江 | 49 | 0.33 | 0.17 | 2.4 |
| 浙江 | 1961 | 13.2 | 6.7 | 41.3 | 四川 | 115 | 0.77 | 0.39 | 13.6 | 云南 | 44 | 0.29 | 0.15 | 7.0 |
| 上海 | 1657 | 11.1 | 5.6 | 22.9 | 河南 | 113 | 0.76 | 0.38 | 13.8 | 内蒙古 | 39 | 0.26 | 0.13 | 9.9 |
| 山东 | 1057 | 7.1 | 3.6 | 23.8 | 江西 | 112 | 0.76 | 0.38 | 20.5 | 吉林 | 30 | 0.20 | 0.10 | 3.0 |
| 福建 | 618 | 4.2 | 2.1 | 13.8 | 安徽 | 101 | 0.68 | 0.34 | 13.8 | 贵州 | 18 | 0.12 | 0.06 | 9.0 |
| 辽宁 | 388 | 2.6 | 1.3 | 10.4 | 湖南 | 75 | 0.51 | 0.26 | 8.1 | 海南 | 18 | 0.12 | 0.06 | 5.8 |
| 天津 | 353 | 2.4 | 1.2 | 15.5 | 重庆 | 66 | 0.45 | 0.23 | 19.7 | 宁夏 | 15 | 0.10 | 0.05 | 19.4 |
| 北京 | 280 | 1.9 | 1.0 | 11.4 | 山西 | 59 | 0.40 | 0.20 | 8.2 | 甘肃 | 10 | 0.07 | 0.03 | 5.2 |
| 河北 | 265 | 1.8 | 0.9 | 18.8 | 广西 | 55 | 0.37 | 0.19 | 6.3 | 西藏 | 4.9 | 0.03 | 0.02 | 10.8 |
|  |  |  |  |  |  |  |  |  |  | 青海 | 2.5 | 0.02 | 0.01 | 4.7 |
| 合计 | 13635 | 91.8 | 46.3 | 19.0 | 合计 | 945 | 6.4 | 3.2 | 12.6 | 合计 | 281 | 1.9 | 1.0 | 4.5 |

资料来源：基于国家统计局（www.stats.gov.cn）在线数据计算。

过,从出口相对增长程度上看,位居前五位省区市的分别是江苏、浙江、新疆、山东、上海,其2010年相比1993年的出口额倍率分别达52.2、41.3、28.7、23.8、22.9,对应年均增长率分别为26.2%、24.5%、21.8%、20.5%、20.2%。并且,对出口额总增量做出突出贡献的广东省的比较倍率只有12.4,对应年均增长率为16%。造成出口额增量和倍率差异的主要原因是1993年各省区出口额基础互不相同,广东省1993年基数规模显著更大,因此,尽管其随后的增长速度并不突出,但增量额仍能远远高出其他省区。

(3) 关于不同省区市出口拉动全国经济增长作用的差异。

——出口额增加量位居前10位省区分别是广东、江苏、浙江、上海、山东、福建、辽宁、天津、北京、河北,上述省区范围恰好涵盖全部东部沿海近海地带,1993~2010年上述10省区出口额增量和13635亿美元,占全国出口额增量总和的91.8%,相当于此间全国GDP增量总和的46.3%。

——出口额增加量位居中间10位的省区,涵盖大部分中部省区和少数西部省区(新疆、四川),出口额增量和为945亿美元,占全国出口额增量总和的6.4%,相当于此间全国GDP增量总和的3.2%。

——出口额增加量位居后11位的省区,涵盖大部分西部省区和少数中部省区(黑龙江、吉林、海南),出口额增量和为281亿美元,占全国出口额增量总和的1.9%,相当于此间全国GDP增量总和的0.9%。

由此看到,如果说1993~2010年,工业化和制造业出口是拉动中国经济增长的主动力,那也主要是沿海地带的工业化和制造业出口在发挥主导作用。

**2. 2010~2016年**

如表8-5所示,按照类似于计算表8-4数据的方法,计算各省区2010~2016年同样的增量额和比率、倍率。基于表8-5,从以下方面对此间中国分区出口发展和工业化进程做相关研判。

(1) 关于出口额增加量的地域分布。与 1993~2010 年类似，出口额增加量仍相对集中在少数省区。增量排前 10 位省区的占比和达 89.2%，而增量排前 5 位的占比和高至 71.6%，这表明，仍然是出口规模大省对出口额增长起主导作用。不同之处在于，已不全是东部沿海省区占据出口额增量前 10 位，非沿海省区河南、重庆、安徽、四川，分别以 331 亿美元、266 亿美元、151 亿美元、138 亿美元的增量额，跻身前 10。而四个东部沿海省区，包括三个老直辖市和辽宁省，则退出前 10 位，特别是上海、北京，出口额增量均为负数。

(2) 关于出口额增长对经济增长的影响。表 8-5 中比率 2 显示，出口额增量位居前 10、中 10，后 11 省区的出口额增加额相当于同期 GDP 增加额的比率分别只有 9.6%、1.3%、-0.08%，合计只有 10.6%，而表 8-4 三组比率分别为 46.3%、3.2%、1.0%，合计高达 50.5%。由此看到，从 2010 年开始，作为外部需求的出口增长对经济增长起到的作用已显著下降，这也是 2010~2016 年间中国经济增速持续回落的主要原因。

(3) 关于出口增长态势的度量。同样，需要将各省区出口增量额和对比倍率结合起来观察，才能对各省区出口增长态势及其经济影响做相对全面的判断。2010~2016 年间，出口额增量位居前 5 位的省区分别为广东（1871 亿美元增量，下同）、浙江（725 亿美元）、江苏（497 亿美元）、山东（341 亿美元）、河南（331 亿美元），出口对比倍率位居前 5 位的分别是重庆（倍率为 4.81）、河南（3.72）、陕西（2.80）、安徽（2.38）、四川（2.11）。正是因为增速相对较快，河南、重庆、安徽、四川等中西部省区的出口额增量得以进位到前 10。

## 第八章 中国工业化形势和跨越前景研判

表8-5 2010~2016年中国各省区市出口增量及其对全国出口增量和GDP增量影响的度量（亿美元，%）

| 省区 | 增量 | 比率1 | 比率2 | 倍率 | 省区 | 增量 | 比率1 | 比率2 | 倍率 | 省区 | 增量 | 比率1 | 比率2 | 倍率 |
|---|---|---|---|---|---|---|---|---|---|---|---|---|---|---|
| 广东 | 1871 | 35.6 | 3.8 | 1.40 | 江西 | 124 | 2.4 | 0.25 | 2.05 | 新疆 | 14 | 0.26 | 0.03 | 1.11 |
| 浙江 | 725 | 13.8 | 1.5 | 1.36 | 湖北 | 109 | 2.1 | 0.22 | 1.78 | 海南 | 13 | 0.25 | 0.03 | 1.60 |
| 江苏 | 497 | 9.5 | 1.0 | 1.18 | 陕西 | 102 | 1.9 | 0.21 | 2.80 | 内蒙古 | 8.3 | 0.16 | 0.02 | 1.19 |
| 山东 | 341 | 6.5 | 0.69 | 1.31 | 广西 | 61 | 1.2 | 0.13 | 1.94 | 甘肃 | 6.8 | 0.13 | 0.01 | 1.53 |
| 河南 | 331 | 6.3 | 0.68 | 3.72 | 山西 | 58 | 1.1 | 0.12 | 1.86 | 宁夏 | 5.0 | 0.09 | 0.01 | 1.32 |
| 重庆 | 266 | 5.1 | 0.54 | 4.81 | 湖南 | 57 | 1.1 | 0.12 | 1.66 | 吉林 | 3.5 | 0.07 | 0.01 | 1.08 |
| 福建 | 207 | 3.9 | 0.42 | 1.31 | 天津 | 39 | 0.74 | 0.08 | 1.10 | 青海 | 0.42 | 0.01 | 0 | 1.13 |
| 河北 | 160 | 3.0 | 0.33 | 1.57 | 云南 | 38 | 0.72 | 0.08 | 1.74 | 西藏 | -0.68 | -0.01 | 0 | 0.87 |
| 安徽 | 151 | 2.9 | 0.31 | 2.38 | 贵州 | 20 | 0.38 | 0.04 | 1.98 | 黑龙江 | -36 | -0.69 | -0.07 | 0.57 |
| 四川 | 138 | 2.6 | 0.28 | 2.11 | 辽宁 | 17 | 0.32 | 0.03 | 1.04 | 北京 | -52 | -1.0 | -0.11 | 0.83 |
|  |  |  |  |  |  |  |  |  |  | 上海 | -68 | -1.3 | -0.14 | 0.96 |
| 合计 | 4687 | 89.2 | 9.6 | 1.39 | 合计 | 623 | 11.86 | 1.27 | 1.39 | 合计 | -38 | -0.73 | -0.078 | 0.96 |

资料来源：基于中国国家统计局（www.stats.gov.cn）在线数据计算。

## （三）出口增速和省区人均收入关系的变化：以2010年为时间分界点

关于出口增速和省区人均收入的关系，可以如图8-8所示环状促进关系来说明。

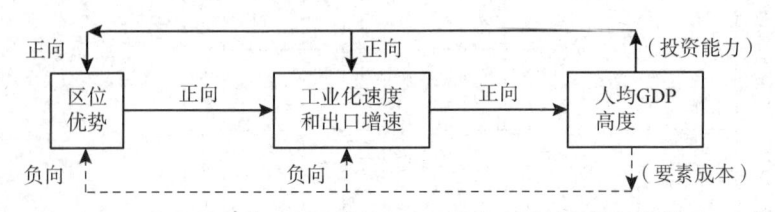

图8-8 区位优势、出口增长和人均收入水平的环状促进关系

从一个方向上看，拥有较好区位优势的沿海各省，其工业化速度和出口增长速度也更快，并使得人均GDP水平快速提升。上述都是正向促进关系。

从另一个方向上看，收入水平对区位优势、工业化速度和出口增速的促进则既有正向效应，也有负向效应。从正向效应上看，收入水平上升后，政府的基础设施投资、企业的固定资产投资、居民的人力资本投资能力上升，改善了产业发展的软硬环境，有利于工业化推进和出口增速得到维系。从负向效应上看，根据国民收入形成原理，区域收入水平高度也是要素成本高度，收入水平上升意味要素成本上升，要素成本上升对区位优势和工业化、出口增速的影响是负向的。

以下对比分析显示，1993~2010年，收入水平上升幅度仍相对有限，要素成本上升也尚未成为出口和制造业国际竞争力的制约性影响因素。因此，收入水平对工业化、出口增速的促进作用体现为正向促进作用。但2010年后，情况则有变化。

(1) 1993～2010年省区市出口年均发展指数和2010年人均GDP相对高度表现出正向关联关系。记2010年各省区人均GDP和全国人均GDP的比值为人均GDP相对高度$PCYH_{2010}$，计算1993～2010年各省区出口额年均发展指数$EDI_{1993-2010}$，以$PCYH_{2010}$为自变量，以$EDI_{1993-2010}$为应变量回归得方程（R8-1）。

$$EDI_{1993-2010} = 1.120 + 0.033 PCYH_{2010}$$
$$R^2 = 0.156; P(F, t_{b0}, t_{b1}) = (0.028, 0, 0.028),$$
$$P_{WT}(F) = 0.301 \quad (R8-1)$$

这一回归结果表明，1993～2010年各省区出口增速和2010年各省区人均收入高度存在正向关联关系，亦即，通常这一时期出口增速更高者，到2010年其人均GDP更高。

(2) 2010～2016年省区市出口年均发展指数和2016年人均GDP相对高度表现出负向关联关系。记2016年各省区人均GDP和全国人均GDP的比值为人均GDP相对高度$PCYH_{2016}$，计算2010～2016年各省区出口额年均发展指数$EDI_{2010-2016}$，以$PCYH_{2016}$为自变量，以$EDI_{2010-2016}$为应变量回归，得方程（R8-2）。

$$EDI_{2010-2016} = 1.130 - 0.056 PCYH_{2016}$$
$$R^2 = 0.121, P(F, t_{b0}, t_{b1}) = (0.056, 0, 0.056),$$
$$P_{WT}(F) = 0.621 \quad (R8-2)$$

这一回归结果表明，1993～2010年各省区市出口增速和2016年各省区市人均收入高度存在负向关联关系。上述负向关联关系表明，2010年后，收入水平导致的要素成本上升，已开始成为影响制造业国际竞争力和出口增长的制约性因素。2010～2016年间，出口年均增长率最高的5省区分别是重庆、河南、陕西、安徽、四川,.都是中西部省区，其出口年均增速分别达29.9%、24.5%、18.7%、15.5%、13.3%，而同期中国出口额整体增速只有5.4%，全球出口总额年均增速只有0.4%。

## （四）总结和启示：未来应因地制宜充分发掘各地出口增长潜力

关于出口额规模和增长态势的分省区比较，有以下发现。

——从出口额地域分布上看，2010年后，东部高收入省区出口额占比有所下降，但2016年东部高收入省区出口额占比仍在85%左右，依旧是中国出口额构成的地域主体。

——从出口额增量分布及其对经济增长的贡献上看，1993~2010年东部沿海10省区市的出口额增量占比高达91.8%，相当于同期全国GDP增量的46.3%，是此间中国GDP高速增长的重要动力。2010~2016年，出口额增量区域格局有明显变化，中西部省区河南、重庆、安徽、四川跻身出口额增量前10位，尽管其增量额仍大大落后于同期广东、浙江两省分别高达1871亿美元、725亿美元的增量额。

——从省区市出口增速和人均收入水平的关系上看，1993~2010年总体呈正向关，表明出口增速差异一定程度导致省区之间收入水平拉开差距；2010~2016年总体呈负向关，反映出中国高收入区出口增速已开始一定程度受到高要素成本制约，而若干中西部省区则能凭借要素成本优势和快速工业化，在全球贸易整体低迷的大背景下，出口逆势高速增长。

从上述分析看到，从发展趋势上看，仍具有要素成本优势的广大中西部省区，在提升出口增速和出口额增量上都将具有潜力；东部高收入省区则由于高要素成本制约，已不大可能重现历史上曾经出现的出口持续超高速增长，但是，由于出口额基数相对庞大，东部省区出口增速微幅提高，也将对应着巨额的出口额增量。从总体上看，东部沿海地带出口额占比缓慢下降将成为趋势。

未来东中西三大地带的出口增长,都非常重要。由于出口基础和发展环境差异,需要针对不同地带、不同发展水平的省区,因地制宜地采取差异化出口促进措施。关于东部高收入省区,应主要从制造业转型升级、发展配套服务业等方面,提升工业化水平档次,争取实现稍高于全球水平的出口增长率。关于广大中西部省区,则应从改善硬设施和软环境入手,努力推进本地工业化和外向型经济发展。

## 四、分省区技术创新活跃度的观察和比较

### (一) 指标定义和计算

按照类似于量化经济体技术创新活跃程度的方法,设计省区量化指标。

$$\text{省区百万人口发明专利申请量（PCIPQ）} = \frac{\text{本省区居民发明专利申请量（件）}}{\text{省区人口总量（百万）}} \quad (8-4)$$

$$\text{省区创新活跃度指数（PCIPI）} = \ln\left(\frac{\text{省区百万人口发明专利申请量}}{\text{截面样本经济体百万人口发明专利申请量算术平均值}}\right) \quad (8-5)$$

在第七章曾得到的 2015 年 PCIPI – PIR 截面方程如（R8 – 1）所示。

$$PCIPI_{2015} = -4.327 + 1.701 PIR_{2015} + 0.517 \ln N_{p2015} \quad (R8-1)$$

$$R^2_{adj} = 0.716;\ Sig(F, t_{b0}, t_{b1}, t_{b2}) = (0, 0, 0, 0);$$

$$n = 41;\ P_{WT}(F) = 0.780$$

基于方程（R8 – 1）计算各省区创新活跃度指数模拟赶超度（CD-PCIPI）。计算式如（8 – 6）所示。

$$\begin{aligned}\text{省区创新活跃度指数模拟} \\ \text{赶超度（SCDPCIPI）}\end{aligned} &= \text{本省区 PCIPI}_{2015} - \text{本省区 PCIPI}_{2015}\text{拟合值} \\ &= \text{本省区 PCIPI}_{2015} - (-4.327 \\ &\quad + 1.701\text{PIR}_{2015\text{本省区}} + 0.517\ln N_{p2015\text{中国}}) \quad (8-6)$$

需要解释的是，在计算"本省区 PCIPI$_{2015}$ 拟合值"时，我们这里采用的人口是 2015 年全中国（内地）的人口。其理由在于，如式（R8-1）中"$\ln N_{p2015}$"的正回归系数 0.517 所显示，从全球工业型经济体相互比较看，经济体创新活跃度和人口规模正向关联，其原因是同一经济体的技术创新在公共管理、产品需求、信息共享中，存在规模经济效应。考虑到中国各省区技术创新环境都是全中国背景的，因此，如果在计算拟合值时，如果使用本省区人口数量来计算"本省区 PCIPI$_{2015}$ 拟合值"，会大大低估各省区方程的拟合值。因此，式（8-5）统一对所有省区，运用中国人口总量对其创新成果的应有量值做相关要求和相应评估。也正因为如此，我们称各省区创新活跃度指数的赶超度为模拟（simulative）赶超度。

(二) 总体情况

依照公式（8-4）、（8-5）、（8-6），表 8-6 按 PIR 大小排序，显示 2015 年中国各省区百万人口发明专利申请量、创新活跃度指数和创新活跃度指数模拟赶超度指标结果。如图 8-9 所示按工业产值水平率（为工业量比取对数）大小排序，对照显示 2015 年中国分省区创新活跃度和 PIR、工业产值水平率。

(三) 关于 2015 年分省区创新活跃度及其赶超度的分析

(1) 大部分省区创新活跃度指数和 PIR、工业产值水平率（工业量比的对数）呈现出正常匹配关系。从图 8-9 看到，除少数省区外，总体上收入水平率 PIR 越高，工业产值水平率越高，则创新活跃度指数越高。

## 第八章 中国工业化形势和跨越前景研判

表8-6　2015年中国各省区市百万人口发明专利申请量①和创新活跃度指数及其模拟赶超度

| 省区 | PIR | (1)② | (2)② | (3)② | 省区 | PIR | (1) | (2) | (3) | 省区 | PIR | (1) | (2) | (3) |
|---|---|---|---|---|---|---|---|---|---|---|---|---|---|---|
| 天津 | 0.538 | 1861 | 1.592 | 1.270 | 重庆 | -0.187 | 1168 | 1.126 | 2.037 | 黑龙江 | -0.469 | 384 | 0.013 | 1.403 |
| 北京 | 0.524 | 4115 | 2.385 | 2.087 | 吉林 | -0.211 | 224 | -0.527 | 0.424 | 河南 | -0.477 | 226 | -0.518 | 0.887 |
| 上海 | 0.498 | 1941 | 1.634 | 1.379 | 湖北 | -0.219 | 518 | 0.313 | 1.278 | 四川 | -0.539 | 495 | 0.267 | 1.778 |
| 江苏 | 0.333 | 1940 | 1.634 | 1.660 | 陕西 | -0.281 | 458 | 0.189 | 1.260 | 江西 | -0.541 | 126 | -1.103 | 0.409 |
| 浙江 | 0.208 | 1225 | 1.174 | 1.413 | 宁夏 | -0.364 | 395 | 0.042 | 1.255 | 安徽 | -0.561 | 1117 | 1.082 | 2.629 |
| 内蒙古 | 0.120 | 90 | -1.439 | -1.050 | 湖南 | -0.389 | 288 | -0.272 | 0.982 | 广西 | -0.583 | 645 | 0.533 | 2.118 |
| 福建 | 0.075 | 462 | 0.199 | 0.664 | 青海 | -0.424 | 188 | -0.699 | 0.616 | 山西 | -0.591 | 155 | -0.891 | 0.707 |
| 广东 | 0.068 | 964 | 0.934 | 1.411 | 海南 | -0.435 | 133 | -1.043 | 0.290 | 西藏 | -0.678 | 40 | -2.250 | -0.503 |
| 辽宁 | 0.036 | 441 | 0.151 | 0.684 | 河北 | -0.449 | 152 | -0.913 | 0.444 | 贵州 | -0.748 | 214 | -0.570 | 1.296 |
| 山东 | 0.017 | 952 | 0.922 | 1.485 | 新疆 | -0.454 | 130 | -1.071 | 0.295 | 云南 | -0.783 | 133 | -1.045 | 0.881 |
| | | | | | | | | | | 甘肃 | -0.880 | 212 | -0.580 | 1.510 |

注：①发明专利申请量基于国际比较口径一致原则，统一按专利受理量口径。②指标：(1) 百万人口发明专利申请量；(2) 创新活跃度指数（PCIPI）；(3) 创新活跃度指数模拟赶超度（SCDPCIPI）。
资料来源：基于联合国贸发会议（UNCTAD）、世界知识产权组织（WIPO）、中国国家统计局数据建模和计算。

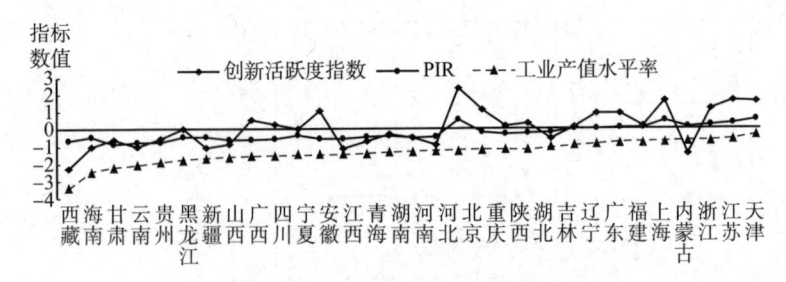

图 8-9　2015 年中国分省区市创新活跃度和 PIR、
工业产值水平率的对照关系

资料来源：基于联合国贸发会议（UNCTAD）、世界知识产权组织（WIPO）、中国国家统计局数据建模和计算。

（2）部分省区创新活跃度指数和 PIR、人均工业产值率不相匹配。内蒙古、西藏、海南的创新活跃度指数值明显低于 PIR 排序下相邻省区，北京、上海数值则明显更高，其主要原因是上述省区收入增长模式和其他省区有所不同。

（3）绝大部分省区创新活跃度模拟赶超度大于 0，有 17 个省区大于 1。

——高收入区，已进入跨越中陷关键期。在该组中，只有内蒙古的创新活跃度模拟赶超度（SCDPCIPI）小于 0。其他省区只有福建、辽宁小于 1，分别为 0.664、0.684。其余省区都大于 1。

——中收入区，即将面临中陷问题。在该组，所有省区 SCDPCIPI 大于 0，其中重庆等 4 省区还大于 1。

——低收入区，尚未直接面临中陷问题。在该组，除西藏外所有省区 SCDPCIPI 大于 0，其中有 6 省区大于 1。

由此看到，从赶超度分析角度看，除内蒙古、海南、西藏等少数经济发展模式应比照特定禀赋经济体的省区之外，至 2015 年，中国内地所有省区的技术创新活跃程度，都能为中等收入陷阱跨越提供较好的条件基础。

## 五、本章总结和启示：以提升工业化质量为主要动力，分区推进中等收入陷阱跨越

### （一）关于中国跨越中等收入陷阱形势的研判

基于整体和分区研判中国收入水平和工业化特征量化指标，可看到，中国全国、大部分省区工业化推进和收入水平提升都良性互动，只要以上发展态势得到维系，未来10年左右时间，中国高收入区将能够成功跨越中等收入陷阱。在高收入区带动下，中国中低收入区跨越中等收入陷阱的前景也相对乐观。不过，量化指标中也有少数指标值得引起关注和警惕。如2014年、2015年我国机电装备出口占比对数赶超度分别为0.031%、0.027，已接近于0，表明未来随着中国收入水平提升，中国机电装备出口占比也应有适度的持续再提升，才能保证工业化进程和收入水平提升获得足够的结构动力支持。

### （二）关于中国中等收入陷阱跨越行动要点的建议

未来，应按照以下要点，不断提升各地区工业化质量，并推进中国中等收入陷阱跨越。

——促进高工业化地区制造业结构转型升级。在东部高收入地区和部分工业基础较好的中西部地区，应培植和发展高资本高技术密度制造业，不断提升中高端制造业国际竞争力。利用中国地域广、人口多、经济规模大的有利条件，在国内高起点孵化培育航空航天、铁路机车、电力设备、船舶汽车、化工制药、汽车制造等各领域大型制造企业。现有高资本高技术密度企业应瞄准世界先进技术和管理水平，提升产业素质。提升工程承包企业国际竞争力，强

化大型工程承包项目对机电设备出口的带动效应。

——在全国范围开发培育服务业增长点。大力推进生产性和消费性各类服务业发展，注重发挥制造业对服务业的带动作用。各地既应适应本地工业和贸易发展情况，促进科技开发、物流运输、管理咨询、远程后台、金融保险、展览展会、财会管理、商贸流通等各类生产性服务业发展，也应发掘发挥本地自然和人文资源优势，大力发展旅游观光、餐饮住宿等消费性服务业。培育各种专业产品全国性批发零售中心，促进国内货物贸易市场形成，并提升其覆盖面和渗透力。将国内贸易市场发展和各地自由贸易区建设结合起来。适应各地情况，不断完善各地面向外向型制造业的金融服务。促进互联网技术渗透各类服务业，提升产品销售的技术和管理水平。提升各类贸易展会的国际影响力。

——调整转移高工业化地区部分低端制造业。主要在东部高收入区，为部分资本和技术密度相对较低的制造业出口和生产规模相对或绝对萎缩做相应准备。随着高收入区收入水平继续提升，未来中国高收入区服装、纺织等传统轻工业和部分轻型机电制造业的出口和产值占比必然下降，甚至某些时期这些产业还会发生生产绝对规模下降。为此，政府和社会各方要有充分心理准备，应从社会资源配置方面适应这种变化。东部地区低技术低资本密度制造企业，应面向全国和境内外大市场，准确把握行业发展趋势和地域市场形势，将部分产品制造基地配置在要素成本相对较低的适当境内境外地点。

——推进和深化中西部地区工业化和经济外向化。大力推动中西部地区工业化，提升经济外向化程度。借鉴东部地区工业化和外向型经济发展经验，充分发挥和利用中西部省区的要素成本优势，依托各类产业园区和开发园区，相对高起点地发展各类制造业。中西部地方政府，应加强本地商务硬设施建设和软环境营造，并面向境内外各类工业企业，做好招商引资和配套服务工作。中西部工业化，应该和中西部城市群的培育开发、中西部对外开放基地建设、东部部分制造业基地境内转移结合起来，协同推进。

——加强全国性基础设施的规划、建设和提升。中西部地区工业化和产业升级，会受到贸易和商务成本高昂的制约。为此，应加强全国范围铁路公路航空网络和互联宽带网络建设，争取做到绝大部分县区纳入全国铁路网和高速公路运输网。以此为基础，加强区域经济协作联动。中西部省区政府则应加强本地水陆空港口的规划建设。扩大中国目前成功实施的亚欧货运铁路的国内辐射范围。中西部地区县域政府，应尽快寻找到便捷的国际贸易运输通道。东部和沿边地区还应通过改善软硬设施，为中低收入区货物贸易提供便捷的进出通道和配套服务。

——提升工业部门技术创新和组织管理水平。面向运输装备、电力装备、化工制药、智能制造、新能源设备、物联网设备等资本技术密度较高的制造业门类，加大科研资金支持力度，争取上述领域制造技术跻身并保持世界先进水平。鼓励和促使各类型各部门制造企业加大研发力度和提升自主创新能力。引导和鼓励高校和科研院所加大对全球各类工业创新技术的跟踪和自主开发。全面加强各层次科技创新与工业制造的对接。政府出资或出面引导，建设若干技术交易市场和各种技术交易平台。引导和鼓励企业、高校、科研院所之间建立技术研发联盟。建立面向各种技术领域的创新产业集群的奖励和扶持制度。

# 参考文献

蔡洪滨. 社会流动性与中等收入陷阱 [J]. 企业观察家, 2011 (3): 58-59.

蔡昉, 王美艳. 中国面对的收入差距现实与中等收入陷阱风险 [J]. 中国人民大学学报, 2014, 28 (3): 1-7.

陈昌盛. 避免"中等收入陷阱"的几条国际经验 [J]. 广西经济, 2011 (11): 30-33.

邸玉娜, 李月. 跨越"中等收入陷阱"的国际经验分析——基于出口产品密度的视角 [J]. 经济科学, 2012 (4): 35-48.

杜修立, 王维国. 中国出口贸易的技术结构及其变迁: 1980~2003 [J]. 经济研究, 2007 (7): 137-151.

樊纲, 张晓晶. "福利赶超"与"增长陷阱": 拉美的教训 [J]. 管理世界, 2008 (9): 12-23.

霍夫曼. 工业化的阶段和类型 [M]. 中译本 (原著1931), 北京: 中国对外翻译出版公司, 1980.

厉以宁. 论"中等收入陷阱" [J]. 经济学动态, 2012 (12): 4-6.

刘世锦. 中国已不可能落入拉美式中等收入陷阱 [N]. 人民日报, 2016-6-12.

钱纳里, 塞尔昆. 发展的型式: 1950~1970 [M]. 中译本 (原著1975), 北京: 经济科学出版社, 1988.

钱纳里, 鲁宾逊, 赛尔奎因. 工业化和经济增长的比较研究

[M]. 中译本（原著 1986），上海：上海三联书店，上海人民出版社，1995.

徐强. 出口规模和收入水平截面关系国际比较研究——借鉴钱纳里方程推论"中等收入陷阱"跨越条件 [J]. 世界经济研究，2014（12）：28 - 34.

徐强. 出口结构转变国际比较与中国趋势分析——从一个视角研判中国跨越"中等收入陷阱"策略 [J]. 国际贸易，2014（11）：23 - 26.

徐强. 出口产业结构和收入水平截面关系国际比较研究——借鉴钱纳里方程推论"中等收入陷阱"跨越条件 [J]. 国际经贸探索，2014，30（12）：30 - 45.

徐强. 非特定禀赋经济体跨越"中等收入陷阱"的关键 [J]. 统计研究，2017，34（5）：28 - 37.

中国国家统计局，在线数据库 [DB/OL]. http://data.stats.gov.cn/，Mar./2017.

杨汝岱，姚洋. 有限赶超与经济增长 [J]. 经济研究，2008（8）：29 - 41.

张兵兵. 进出口贸易与经济增长的协动性关系研究——基于1952～2011 年中国数据的经验分析 [J]. 国际贸易问题，2013（4）：51 - 61.

张德荣. "中等收入陷阱"发生机理与中国经济增长的阶段性动力 [J]. 经济研究，2013（9）：17 - 29.

赵彦云，刘思明. 中国专利对经济增长方式影响的实证研究：1988～2008 年 [J]. 数量经济技术经济研究，2011（4）：34 - 48.

Aiyar, S., R. Duval, D. Puy, Y. Wu & L. Zhang. Growth Slowdowns and the Middle-Income Trap. IMF Working Paper. WP/13/71. www.imf.org/external/pubs/ft/wp/2013/wp1371.pdf.

Balassa, B. . Exports and economic growth: further evidence [J]. Journal of Development Economics, 1978 (5): 181 – 189.

Cohen, S. S. , J. Zysman. Manufacturing Matters: The Myth of the Post-Industrial Economy [M]. New York: Basic Books, 1987.

Dasgupta, S. , A. Singh. Manufacturing, Services and Premature Deindustrialization in Developing Countries [R]. Centre for Business Research, University of Cambridge Working Paper No. 327, UNU-WIDER Research Paper No. 2006/49, 2006.

Eichengreen, B. , D. Park & K. Shin. Growth Slowdowns Redux: New Evidence on the Middle-income Trap [R]. NBER Working Paper No. 18673, 2013.

Feder, G. . 1982. On Exports and Economic Growth [J]. Journal of Development Economics, 12: 59 – 73.

Felipe, J. , A. Abdon & U. Kumar. Tracking the Middle-Income Trap: What Is It, Who Is in It, and Why? [R]. ADB Economics Working Paper Series No. 306, Manila, 2012 (Levy Economics Institute of Bard College, Working Paper No. 715, 2012.

Guerrieri, P. , V. Meliciani. Technology and International Competitiveness: The Interdependence between Manufacturing and Producer Services. Structural Change & Economic Dynamics, 2005 (4): 489 – 502.

Hausmann, R. , B. Klinger. Structural Transformation and Patterns of Comparative Advantage in the Product Space [R]. Center for International Development at Harvard University Working Paper No. 128, 2006.

Hausmann R. , J. Hwang & D. Rodrik. What Your Export Matters [R]. NBER Working Paper No. w11905, http://www.nber.org/papers/w11905.pdf, 2005.

Hidalgo, C. A. , B. Klinger, A. L. Barabási & R. Hausmann . The Product Space Conditions the Development of Nations. Science, 2007, 317 (5837), 482 -487.

Jalles, J. T. . How to Measure Innovation? New Evidence of the Technology Growth Linkage [J]. Research in Economics, 2010, 64 (2), 81 -96.

Jankowska, A. , A. Nagengast & J. R. Perea. The Product Space and the Middle-income Trap: Comparing Asian and Latin American Experiences. OECD Working Paper No. 311. www. oecd. org/dev/50249524. pdf, 2012.

Kim, T. , K. E. Maskus & K-Y. Oh. Effects of Patents on Productivity Growth in Korean Manufacturing: a Panel Data Analysis [J]. Pacific Economic Review, 2010, 14 (2), 137 -154.

Levine, R. , D. Renelt. A Sensitivity Analysis of Cross-country Growth Regressions [J]. American Economic Review . 1992, 82 (4): 942 -963.

Ohno, K. 2009. Overcoming the Middle Income Trap: The Challenge for East Asian High Performers [R]. Working Paper, Presented at WB Conference.

Park, S - H. , K. S. Chan. A Cross-Country Input-Output Analysis of Intersectoral Relationships between Manufacturing and Services and their Employment Implications. World Development, 1989 (2): 199 - 212.

Rodrik, D. What's So Special about China's Exports [J]. China and World Economy, 2006 (5): 1 -19.

Schott, P. The Relative Sophistication of Chinese Exports [R]. NBER working paper No. 12173, http: //www. nber. org/ papers/w12173, 2006.

Yang, C - H.. Is innovation the story of Taiwan's economic growth? [J]. Journal of Asian Economics. 2006, 17 (5): 867 - 878.

Yusuf, S., K. Nabeshima. Can Malaysia Escape the Middle-income Trap? [R]. World Bank Policy Research Working Paper 4971, 2009.

UN Comtrade Database, 在线数据库 [DB/OL]. https://comtrade.un.org/, Jan./2017.

UNCTAD, 在线数据库 [DB/OL]. http://unctadstat.unctad.org/wds/ReportFolders/reportFolders.aspx?sCS_ChosenLang = en., Jan./2017.

WIPO, 在线数据库 [DB/OL]. http://www.wipo.int/ipstats/en/, Jan./2017.

WTO, World Trade Statistical Review 2016 [R/OL]. https://www.wto.org/english/res_e/statis_e/wts2016_e/wts16_toc_e.htm.

WTO, 在线数据库 [DB/OL]. http://stat.wto.org/Home/WSDBHome.aspx? Language = E, Jan./2017.

WOO, W. T., Understanding the Middle-income Trap in Economic Development: the Case of Malaysia [Z]. World Economy Lecture, Globalization and Economic Policy Conference, 2011.

World Bank. An East Asian Renaissance [R]. 2007. (中文译本：吉尔等. 东亚复兴：关于经济增长的观点 [M]. 北京：中信出版社, 2008)

World Bank. How does the World Bank classify countries [EB/OL]. datahelpdesk.worldbank.org/knowledgebase/articles/906519, Jul./2017.

n